I0060637

LA
PROPRIÉTÉ LITTÉRAIRE

ET LE

DOMAINE PUBLIC PAYANT

PAR

J. HETZEL

R.F. BIBLIOTHÈQUE NATIONALE MSS

BRUXELLES

IMPRIMERIE DE VEUVE J. VAN BUGGENHOUDT

RUE DE SCHAERBEEK, 12

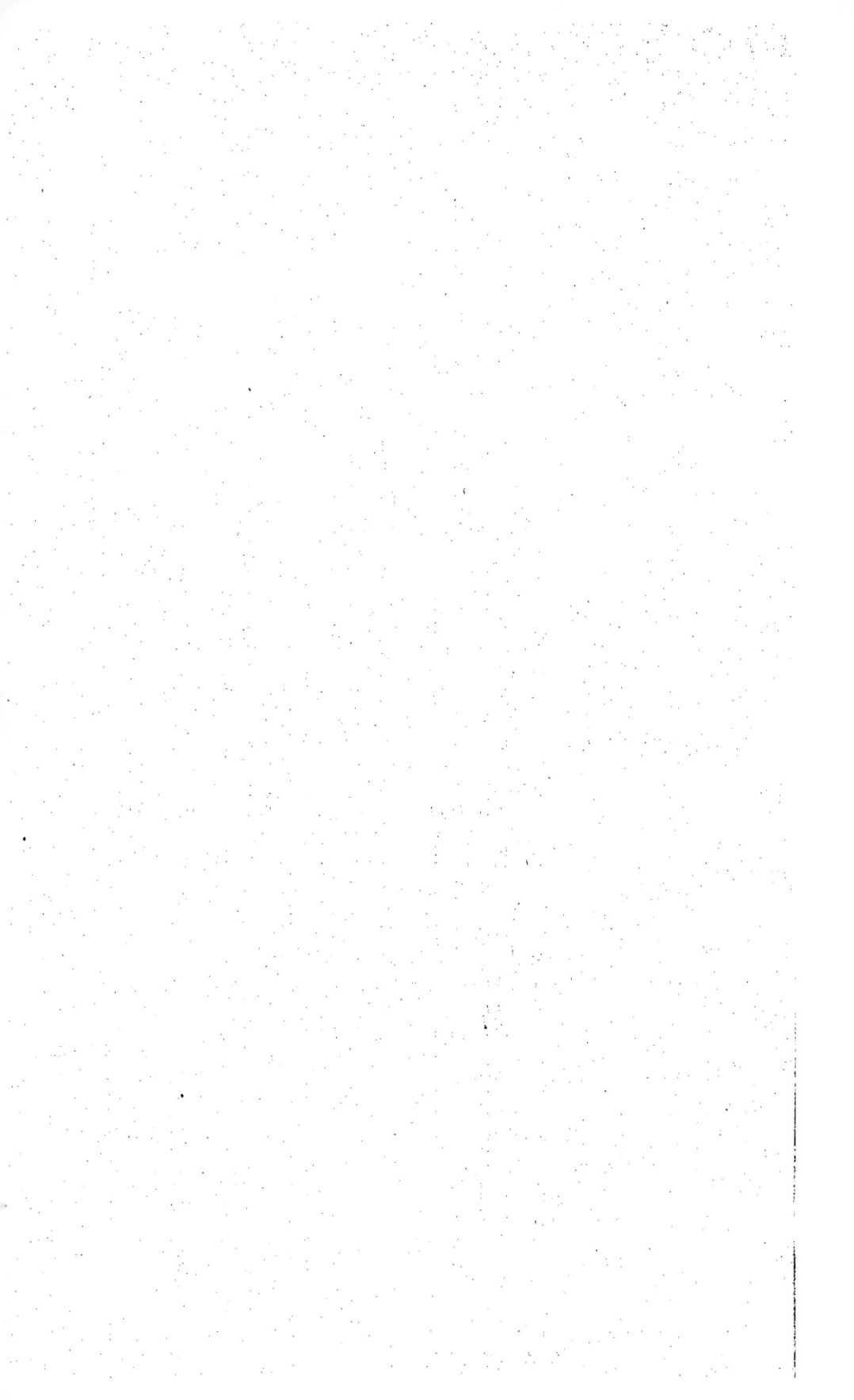

LA

PROPRIÉTÉ LITTÉRAIRE

ET LE

DOMAINE PUBLIC PAYANT

182

434

F|52/81

DON
81 02134

Cette brochure a été publiée en Belgique en 1858.

Vous y trouverez un historique de la question de la propriété littéraire et de la contrefaçon, qui peut être encore utile à consulter. Elle trouvait la solution de la question dans l'établissement du *domaine public payant*, substitué au *domaine public gratuit*. La loi, en 1858, accordait moins à l'auteur et à ses ayants droit qu'aujourd'hui. Mais, quelle que soit la durée donnée par les diverses législations à la propriété littéraire, le remède ne peut être que dans l'établissement du *domaine public payant*.

Je crois que la lecture de cette brochure vous conduira à reconnaître la vérité de cette solution. Elle peut épargner des recherches à qui la lira, et c'est à ce titre et comme document utile que j'ai l'honneur de vous la soumettre.

J. Hetzel.

Avertissement.

Cette brochure a été écrite à l'occasion d'une loi sur la propriété littéraire, qui vient d'être présentée aux chambres belges. C'est pourquoi je l'ai adressée spécialement à messieurs les députés belges, mais j'espère qu'elle intéressera tous ceux que préoccupe, à un titre quelconque, la question de la propriété littéraire, en France et ailleurs. Dans cette question, l'intérêt français marche *heureusement* tout d'accord avec l'intérêt de l'étranger *bien entendu*.

Une fois la contrefaçon supprimée par les conventions internationales, il n'y a plus ~~que l'antithèse entre~~ *ces deux intérêts* ~~...~~, et pour ~~...~~ à un comptoir ~~...~~ l'autre au même temps,

BIBLIOTHÈQUE R.F. NATIONALE

LA
PROPRIÉTÉ LITTÉRAIRE

ET LE

DOMAINE PUBLIC PAYANT

PAR

J. HETZEL

BRUXELLES

IMPRIMERIE DE VEUVE J. VAN BUGGENHOUDT

RUE DE SCHAERBEEK, 12

LA
PROPRIÉTÉ LITTÉRAIRE

ET LE

DOMAINE PUBLIC PAYANT

A Messieurs les Membres de la Chambre des Représentants.

I

EXPOSÉ DE LA QUESTION. — MA LETTRE DU 3 OCTOBRE 1858. — RÉPONSE D'UN LECTEUR DE L'INDÉPENDANCE. — MA RÉPLIQUE.

Pour la seconde fois, en moins de deux ans, la question de la propriété littéraire va s'agiter à Bruxelles.

En 1858, elle était débattue dans le sein d'un Congrès appelé à émettre un simple vœu consultatif; aujourd'hui, elle est portée devant le parlement belge, et la solution qu'elle recevra aura le caractère d'une loi positive, obligatoire, solution qui exercera une influence décisive sur la condition des auteurs et sur celle de la librairie, non-seulement au point de vue de l'intérêt belge, mais au point de vue de l'intérêt, plus général, de tous les produits de l'esprit.

C'est une question sur laquelle, soit comme éditeur, soit comme écrivain, j'ai longtemps et mûrement réfléchi. Je me suis fait une conviction; je me suis arrêté à une solution, que je crois bonne, que je crois la seule juste, la seule praticable, la seule libérale dans le véritable sens de ce mot, la seule qui garantisse à la fois et le droit moral de la société et le droit matériel de l'auteur, solution que je crois, pour tout dire, destinée à triompher un jour de toutes les autres.

Je considère donc comme un devoir, chaque fois que l'occasion m'en est offerte, de ramener l'attention du public, à plus forte raison celle des législateurs, à l'étude d'un problème si singulièrement déclaré, jusqu'ici, insoluble. Ce que j'ai fait après la clôture du Congrès de 1858, dont j'espérais mieux et aux discussions duquel j'aurais cru superflu de mêler ma voix, je viens le faire avant l'ouverture des délibérations du parlement belge. Je n'espère pas faire substituer mes idées à celles du projet déposé par M. le ministre de l'intérieur le 15 avril dernier : les commissions ne remanient pas volontiers, de fond en comble, un travail déjà fait; mais peut-être serai-je assez heureux pour suggérer quelques utiles amendements au projet en question.

Sans autre préambule, j'entre en matière.

Aussitôt après la clôture du Congrès littéraire, j'adressai au rédacteur en chef de *l'Indépendance belge* la lettre suivante, insérée dans le numéro du 5 octobre 1858. Je crois nécessaire de mettre sous vos yeux et cette lettre et la correspondance à laquelle elle donna lieu à cette époque. On y trouvera la question exposée dans des termes qui ont paru clairs à tous, et qui eurent l'approbation des écrivains et des journaux les plus considérables de ce temps-ci.

« Monsieur le rédacteur,

« Je n'ai pas cru devoir, pour des raisons qu'on appréciera, prendre part aux discussions du Congrès dit, assez improprement à en juger par le résultat, Congrès de la propriété littéraire. Une de mes raisons pour me taire avait été que je croyais inutile de dire ce que tant d'autres pouvaient dire mieux que moi. Le Congrès est terminé, et à mon grand regret je vois que mon avis sur la question, quelque peu de poids qu'il puisse avoir, n'eût peut-être point été inutile aux débats qui viennent de le fermer. Il eût eu l'avantage de poser la discussion sur son vrai terrain et de forcer les honorables membres du Congrès, qui ont parlé pendant trois jours, d'aborder de front leur sujet, au lieu de le tourner.

» La lutte a été vive, les combattants ont été sincères, on s'est beaucoup battu ; mais de part et d'autre, qu'a-t-on fait? Où est la victoire? Qu'a-t-on résolu? Qu'est-il sorti de nouveau de ce brillant conflit, où beaucoup ont parlé, où personne n'a conclu.

» La propriété littéraire est-elle une propriété? Les résolutions du Congrès ne disent ni oui ni non. L'œuvre du Congrès n'est donc point accomplie. On a parlé des droits sacrés de l'auteur ; on a parlé des intérêts non moins sacrés de la société; on a sacrifié beaucoup ceux-ci, et beaucoup ceux-là ; est-ce là un gain digne d'une si grosse bataille?

» Il s'agissait, qu'on me permette de le dire, de concilier deux intérêts dont l'usage fait deux adversaires; il fallait de toute nécessité en faire deux amis, — on les a laissés dans leur vieil antagonisme. Pourquoi donc s'est-on réuni? Ce qui est équitable est-il impraticable? — Je ne saurais le croire.

» Un congrès se refera-t-il un jour sur une base plus pratique? Je l'espère. Permettez-moi, en attendant, d'offrir, sous une forme précise et par articles, pour plus de clarté, le résumé de mes réflexions sur cette grave question, à l'examen des deux opinions qui ont divisé l'assemblée.

» Je n'ai pas la prétention de donner ici une solution complète, mais je suis certain de mettre sur la voie de cette solution les législateurs à qui il est réservé de faire un jour une loi définitive sur la propriété littéraire.

» Vous avez été au Congrès, monsieur le rédacteur, l'adversaire du principe qui fait le fond de mon système : le principe de la reconnaissance du droit de propriété des auteurs à l'égal de toute autre propriété. Mais mon système consacre aussi le principe, non moins respectable à mes yeux, que vous défendez, celui de la *propriété morale* qu'il faut laisser à la société sur toute œuvre intellectuelle. Je ne demande donc qu'une demi-faveur à votre impartialité en vous priant de me prêter la publicité dont vous disposez.

» Non, la question de la propriété intellectuelle n'est point, quoi qu'on en dise, une question insoluble par les voies ordinaires du bon sens et de la logique. Il est impossible que sur ce point spécial, que sur ce point unique, la pratique ne puisse être d'accord avec la justice. Il faut que le double intérêt qui réside dans la propriété intellectuelle, — l'intérêt matériel de l'auteur, l'intérêt moral de la société — soient également sauvegardés, il faut *qu'il n'y ait de sacrifices pour l'un ni pour l'autre.*

— Mon projet a du moins l'avantage de tirer la question des compromis dont on l'a enveloppée.

« Le domaine public libre, *mais payant*, la concurrence exploitant à l'envi l'œuvre de l'artiste mort — sans dépouiller ses héritiers, et au plus grand profit de la société — voilà le problème à résoudre.

« Si ce que j'indique pêche par quelque point, qu'importe! Ce n'est pas par la base. C'est au législateur, qui a trouvé le moyen de percevoir les impôts les plus subtils, et de garantir les droits des créanciers les plus naïfs, des mineurs eux-mêmes, contre la mauvaise foi des débiteurs, à donner sur ce point, comme sur d'autres, toute sécurité à cette spécialité intéressante de la propriété.

« Voici ma formule; qu'on s'attache au fond et non à la forme. Il est bien entendu que je ne prétends pas rédiger un projet de loi :

« Considérant que la production littéraire doit évidemment constituer à son auteur une propriété et que toutes les subtilités de la parole ne parviendraient pas à prouver qu'une œuvre n'est pas la propriété de celui qui l'a faite, de celui sans lequel elle n'existerait pas, déclarons que la propriété littéraire est une propriété.

« Considérant aussi que, à côté de la propriété matérielle de l'œuvre littéraire, dont tous les bénéfices doivent revenir à l'auteur et ne sauraient, sans iniquité, être détournés au profit de tiers quelconques, il y a dans toute œuvre littéraire une propriété morale dont l'auteur a évidemment fait l'abandon au public dès qu'il a divulgué son œuvre, puisqu'il ne dépendrait plus de lui, le voulût-il, de la reprendre.

— « Considérant qu'il est de l'intérêt de la société que le fruit de cette propriété *morale*, dont l'auteur lui a fait don, soit assuré à la société, comme à l'auteur le fruit de sa propriété *matérielle*;

« Disons :

« ART. 1er. L'auteur aura seul la propriété de ses œuvres et leur gestion sa vie durant.

« ART. 2. Attendu que, l'auteur mort, il peut y avoir danger pour le droit moral qu'il a abandonné à la société sur ses œuvres (par le seul fait de leur publication) à laisser le monopole desdites œuvres à un représentant, quel qu'il soit, de la propriété matérielle de l'auteur (parent, libraire ou ayant droit quelconque), il est dit que, l'auteur mort, ses œuvres tomberont dans le domaine public.

« ART. 3. Comme le domaine public est nécessairement représenté par un ou plusieurs libraires à qui il sera loisible de s'emparer du livre de l'auteur mort et de le publier, chacun comme il l'entendra, dans l'intérêt de sa spéculation, et comme dès lors il ne saurait être juste qu'il pût être tiré profit par des tiers de la propriété de l'auteur au détriment de ses héritiers : il est dit que personne ne pourra user du droit que la loi accorde à tous de publier l'œuvre, dont l'auteur est décédé, qu'à la condition de payer aux héritiers de l'auteur un droit de tant pour cent qui sera fixé, comme il sera dit plus b: sur le prix fort des volumes dont se composera l'œuvre par eux reproduite.

« ART. 4. A cette fin il sera établi un bureau de perception et de répartition du droit des héritiers ou ayants droit des auteurs.

« La mission de ce bureau sera de recevoir et de répartir à chacun ce qui lui sera dû.

« ART. 5. Quiconque, par fraude ou autrement, n'acquitterait pas lesdits droits serait passible des peines attachées à la contrefaçon.

« Art. 6. La quotité, le tant pour cent qui devra représenter le droit des héritiers de l'auteur, sera fixé par une commission composée d'auteurs et de libraires, c'est-à-dire modifiée ou gardée suivant le besoin du temps, tous les cinq ans — plus ou moins.

« ART. 7. Cette organisation pourra se faire avec ou sans le concours du gouvernement. »

« Agréez, monsieur le rédacteur, etc.

(3 octobre 1858.)   « J. HETZEL. »

Dans le numéro du 10 octobre 1858, un *lecteur* anonyme de *l'Indépendance*, dans lequel je n'eus pas de peine à reconnaître un fonctionnaire fort intéressé à défendre le Congrès dont il avait été le promoteur et dont il fut de fait le directeur, me faisait la réponse que voici :

« MONSIEUR LE DIRECTEUR,

« Vous avez publié, il y a quelques jours, une lettre de M. Hetzel, formulant un système qu'il regrettait de n'avoir pas soumis au Congrès, auquel ce système aurait pu fournir, dans l'opinion du spirituel écrivain et ingénieux éditeur, les moyens de concilier les partisans et les adversaires, également intraitables, du principe de la propriété littéraire. Je viens calmer les regrets de M. Hetzel, si je ne puis donner raison à ses espérances. Le système qu'il expose a déjà été trouvé une fois et il a été examiné à fond par une assemblée non moins compétente, bien que moins nombreuse, que celle qui vient de se dissoudre.

« Le hasard a fait tomber dans mes mains aujourd'hui même la collection des procès-verbaux de la commission nommée en France, par une décision royale du 20 novembre 1825, pour préparer un projet de loi sur la propriété littéraire. Cette commission renfermait quelques noms illustres et tous noms recommandables ; on y comptait, entre autres, MM. Royer-Collard, Portalis, Cuvier, Villemain, de Vatimesnil, Andrieux, Picard, Talma, Firmin Didot, etc. Déjà, dans un rapport préliminaire, présenté à la commission par M. de Larochefoucauld, son président, l'on trouve énoncée la question de savoir si, pour mettre l'intérêt de la société d'accord avec celui de l'auteur, il n'y aurait pas lieu d'établir, au profit de ses héritiers, le payement d'une redevance fixe, calculée sur le *nombre d'exemplaires tirés, le format adopté* et le nombre de volumes ; le rapport indique comme une autre combinaison, la perception d'un droit établi sur le prix assigné par les libraires aux livres qu'ils publieront. C'est bien là, si je ne me trompe, le moyen proposé par M. Hetzel. L'un et l'autre système étaient étudiés par M. de Larochefoucauld dans tous leurs détails. La commission les discuta dans trois séances consécutives ; le principe de la redevance fut vigoureusement soutenu, il fut non moins vivement attaqué. Je ne rappellerai pas tous les arguments qui furent produits dans l'un ou l'autre sens ; cela me conduirait beaucoup trop loin.

« Dans la cinquième séance de la commission (23 janvier 1826), l'on mit aux voix la question suivante : « Y aurait-t-il une rétribution perpétuelle au profit des héri-
« tiers sur le produit des éditions postérieures à la mort de l'auteur ? » La question fut résolue affirmativement par *quatorze* voix contre *six*. Dans une séance postérieure, l'assemblée déclare, à la majorité de *onze* voix contre *cinq*, que la transmission de la rétribution des familles sera soumise aux règles du droit commun. On voit qu'il était impossible de procéder avec plus de sérieux. La discussion s'ouvre ensuite sur la base de la rétribution. Indépendamment des combinaisons développées dans le rapport de M. de Larochefoucauld, plusieurs autres systèmes sont mis en avant. Mais l'assemblée, éclairée par la discussion sur l'impraticabilité de tous ces modes, les rejette successivement ; le moins maltraité de ces systèmes obtient quatre voix en sa faveur.

« A la séance suivante, M. le président rappelle à l'assemblée (je cite textuellement):
« que le projet d'établissement d'une rétribution perpétuelle au profit des héritiers
« des auteurs n'a été rejeté à la dernière séance qu'à cause *des impossibilités d'exécution*
« *des divers modes de perception discutés*, et, sauf la proposition d'un moyen d'exécution
« praticable, s'il s'en présentait quelqu'un à l'esprit des honorables membres de la
« commission, dans l'intervalle des deux séances. » Il consulte, en conséquence, l'as-

semblée à ce sujet. *Aucun des membres n'ayant répondu, M. le président déclare que l'idée d'un droit perpétuel sur la réimpression des ouvrages au profit des familles est définitivement abandonnée.*

« Quand le projet de loi, préparé par une nouvelle commission, fut discuté à la chambre des pairs, en 1839, M. Portalis, qui avait été l'un des parrains du système de la redevance dans la commission de 1825, essaya de le produire de nouveau. Mais, invité à faire connaître un moyen possible d'exécution, il ne put donner d'explication satisfaisante, et la proposition en resta là.

« M. Hetzel me pardonnera d'avoir été fouiller dans les archives de l'histoire de la propriété littéraire. Elles sont pleines d'enseignements ; il n'est point de théorie qui n'y ait son berceau, mais beaucoup aussi y ont leur tombeau.

« Puisque j'ai cité les travaux de la commission de 1825, permettez-moi, pour finir, d'emprunter les lignes suivantes au rapport qu'elle adressa au roi, après avoir terminé sa tâche ; le rédacteur du rapport était M. Villemain : « Pouvait-on, dit le « rapport, étendre le droit de tous les héritiers d'une manière indéfinie, c'est-à-dire « assimiler entièrement la propriété d'un ouvrage à celle d'un champ ou d'un « domaine ? Un tel privilége n'existe nulle part ; il nuirait à l'instruction par un « monopole trop prolongé ; il deviendrait ou onéreux pour le public, ou illusoire « pour les familles ; il tromperait souvent les intentions de l'auteur lui-même, qui, « en publiant son ouvrage, a souhaité que les éditions s'en multiplient facilement « après lui. »

« Agréez, etc.   « UN DE VOS LECTEURS.

« Bruxelles, le 9 octobre. »

Et je répliquais à mon tour par une lettre insérée dans *l'Indépendance* du 14 octobre 1858 :

« MONSIEUR LE RÉDACTEUR,

« Je reçois à Spa le numéro de *l'Indépendance* où l'un de vos lecteurs répond aujourd'hui, 10 octobre, à la lettre que j'ai eu l'honneur de vous adresser le 3 du courant.

« Le hasard prend toutes les formes ; je suis heureux qu'il ait apporté à votre correspondant, sous la forme d'une collection de procès-verbaux, la preuve qu'il n'y a rien de nouveau sous le soleil, ni les Congrès littéraires, ni ce qui peut s'ensuivre.

« Si votre lecteur avait pu faire plus tôt la découverte de la collection des procès-verbaux de la commission nommée en France, en 1825, pour préparer un projet de loi sur la propriété littéraire, je l'aurais engagé à porter cette précieuse collection aux auteurs du programme soumis au Congrès. La discussion du Congrès, éclairée par cette discussion antérieure, eût été moins stérile, le programme eût été encore plus parfait, et les résultats de certaines luttes oratoires seraient aujourd'hui moins contestés. On eût repris, à l'exemple de nos maîtres, cette tentative de conciliation entre deux principes également sacrés : le *droit de propriété matériel* de l'auteur, et le *droit moral de la société.* Le vrai, le seul problème sérieux à résoudre, à l'heure qu'il est, dans la question, n'eût point échappé au Congrès, et beaucoup d'honnêtes esprits n'eussent pas perdu leur temps à développer, dans le vide, des lieux communs que le talent le plus prestigieux ne saurait galvaniser.

« La commission nommée en France, en 1825, n'avait pas tout dit, sans doute, sur les questions contenues dans le programme soumis au Congrès de Bruxelles ; autrement je ne suppose pas que les hommes qui ont dirigé ce Congrès se fussent prêtés à la fantaisie de le réunir.

« Si donc cette commission de 1825, composée d'hommes vraiment illustres et éminents, a discuté, pendant trois séances consécutives, l'idée que je regrettais de n'avoir pas vu soumettre au Congrès de 1858 ; s'il y a, comme l'affirme votre lecteur, identité entre ma proposition et celle qui est consignée dans la collection des procès-verbaux que, plus heureux que moi, il a eu la bonne fortune de rencontrer—par hasard, — j'en suis très-fier pour ma proposition. J'en conclus, d'une part, qu'elle vaut mieux encore que je n'eusse osé l'espérer, et, de l'autre, qu'une question, qu'ont débattue pendant trois jours MM. Royer-Collard, Portalis, Cuvier, Villemain, et autres hommes célèbres, vrais penseurs, vrais législateurs et vrais savants, les membres du Congrès de 1858 eussent pu l'examiner sans déroger, et, qui sait, la résoudre peut-être.

« On peut s'y prendre à plus d'une fois pour faire une bonne chose, comme pour faire une sottise.

« Le Congrès de Bruxelles ne sera pas le dernier. L'idée débattue et non acceptée en 1825, oubliée malheureusement dans le programme du Congrès qui nous occupe encore, votre lecteur et moi, éditée ou rééditée, qu'importe ? trouvée ou retrouvée par moi tardivement après la clôture du Congrès, cette idée, pour laquelle je ne songeais, certes pas, à prendre un brevet d'invention, sera tôt ou tard l'objet d'un examen sérieux. Je n'en veux pas davantage.

« Permettez-moi de finir par une prière à l'adresse de votre correspondant. Campagnard obstiné, je suis à Spa pour plusieurs semaines encore ; qu'il me permette

d'y oublier un peu le Congrès, ma lettre, la sienne et cette réponse. Quand je serai
de retour à Bruxelles, j'irai chez lui, — *un de vos lecteurs* ne peut être qu'un homme
très-distingué et très-connu, — et je lui demanderai la faveur de me communiquer
les procès-verbaux que le hasard a mis sous ses yeux.

« Nous verrons bien alors, lui et moi, et sans qu'il soit besoin, Dieu merci, de ras-
sembler pour cela un congrès, si, en effet, ma proposition, au lieu de ma seule
garantie, a l'honneur d'avoir eu, en 1825, celle de quelques-uns des hommes illustres
qu'il a cités; si l'idée d'un *domaine public payant* a bien été vaincue, et si, examen
plus utile, les raisons qui l'ont fait condamner à cette date déjà reculée pourraient
encore la faire condamner en 1858.

« J. HETZEL. »

II

EXAMEN DES PROCÈS-VERBAUX DE LA COMMISSION DE 1825. — COMPOSITION
DE LA COMMISSION. — MOTIFS ÉNONCÉS A L'APPUI D'UN DOMAINE PUBLIC
PAYANT. — VOTE DU PRINCIPE LE 23 JANVIER 1826. — POURQUOI LA
COMMISSION FIT FAUSSE ROUTE QUAND ELLE SE MIT A RECHERCHER LES
MOYENS D'APPLICATION. — VOTE DU 6 FÉVRIER.

Ces procès-verbaux de la commission nommée, en 1825, pour
élaborer un projet de loi sur la propriété littéraire, je n'avais pu les
consulter à Spa, mais je me les suis procurés depuis, et je n'hésite pas
à dire que leur lecture est indispensable à quiconque voudra sérieusement approfondir la question.

Mon intention n'est point de les analyser complétement ici, par la
double raison que le cadre restreint que je me suis tracé ne comporte
pas un pareil travail, et que l'analyse la plus exacte ne pourrait pas
suppléer à leur instructive lecture. Je me bornerai à en détacher les

quelques extraits nécessaires pour donner plus de clarté et de précision aux idées contenues en germe dans la correspondance qui précède.

Pour appeler sur ce remarquable travail l'attention dont il est digne, et la vôtre spécialement, messieurs les représentants, il me suffira de donner ici les noms des membres de la commission, tels que je les trouve consignés à la première page de la collection. Ces noms ont bien leur éloquence; les voici :

Messieurs,

Le vicomte de LA ROCHEFOUCAULD, président.

Le marquis de LALLY-TOLENDAL . . . . ⎫
Le vicomte LAINÉ . . . . ⎬ Pairs de France.
Le comte PORTALIS . . . . · . . ⎭

ROYER-COLLARD. . . . . ⎫
Le comte de MONTBRON . . . . ⎬ Députés.
PARDESSUS . . . . ⎭

BELLART . . . . · ⎫ Conseillers d'état.
DE VATIMESNIL . . . . ⎭

VILLEMAIN . . . . ⎫ Maîtres des requêtes.
DELAVILLE DE MIREMONT . . . . ⎭

AUGER . . . . ⎫
RAYNOUARD. . . . . ⎪
ANDRIEUX. . . . . ⎪
PARSEVAL-GRANDMAISON. . . . . ⎪
PICARD . . . . ⎪
ALEXANDRE DUVAL . . . . ⎬ Membres des 4 académies.
MICHAUD . . . . ⎪
DACIER. . . . . ⎪
Le baron CUVIER. . . . . ⎪
Le baron FOURRIER. . . . . ⎪
QUATREMÈRE DE QUINCY . . . . ⎭

Le baron TAYLOR, commissaire royal près le Théâtre-Français.

ADJOINTS A LA COMMISSION

Messieurs,

LEMERCIER, de l'Académie française . . . . ⎱
ÉTIENNE, homme de lettres. . . . : . . . . ⎰ Commissaires des auteurs
MOREAU, homme de lettres . . . . ⎰ dramatiques.
CHAMPEIN, compositeur . . . . ⎰

TALMA, sociétaire du Théâtre-Français

RENOUARD . . . . ⎱ Délégués des libraires.
FIRMIN DIDOT . . . . ⎰

Secrétaire de la commission, M. JULES MARESCHAL.

La commission tint dix-huit séances, du 12 décembre 1825 au 6 mai 1826, dont le tiers environ fut consacré à la discussion de l'idée de faire tomber, à la mort de l'auteur, ses ouvrages dans le *domaine public,* à la condition d'exiger de chaque éditeur qui voudrait les publier une somme au profit des héritiers. Mon contradicteur anonyme reconnaît lui-même que cette idée a été tout d'abord admise en principe à une forte majorité.

Je n'ai donc pas à insister longuement sur ce point. Toutefois il est bon de montrer par quels motifs et en quels termes les partisans de ce système justifiaient leur opinion.

Je lis :

Page 99. — Opinion de M. LEMERCIER : « Les fruits de la pensée peuvent s'assimiler, sous tous les rapports, aux fruits territoriaux : le renouvellement continu des éditions en multiplie les bénéfices par la publicité, comme la culture multiplie ceux des biens fonciers... Les héritiers et ayants cause des auteurs toucheraient le produit des ouvrages littéraires; et la caisse commune, où seraient puisés les secours, pensions et récompenses, recevrait le versement du revenu de ces ouvrages,

seulement dans l'intérieur de la France, sans que ce droit pût donner lieu à nulle
prétention d'en poursuivre les redevances au dehors du pays et dans les contrées
régies par d'autres lois que les nôtres. »

Page 110. — Un MEMBRE : « Je demande pourquoi l'on parle des héritiers
absents ; il n'est pas question de statuer pour eux ; il n'y aura pas plus d'entraves à
la transmission du droit d'auteur qu'à celle de la propriété commune ; en tout état de
cause, celle-ci ne retourne qu'aux héritiers connus. Les vérifications sont également
inutiles ; on ne déléguera point une partie des intérêts privés à une branche d'administration parasite. Ces intérêts seront placés sous la protection du droit commun, et
les contrevenants traduits devant les tribunaux. Si l'on est d'accord sur ces points
principaux, il ne restera plus qu'à établir le tarif, et cet établissement ne présentera
que peu de difficultés. »

Page 119. — Observations de M. le marquis de LALLY-TOLENDAL : « Dans
toutes les carrières de la littérature, autres que la littérature dramatique, j'ai été
effrayé, je l'avoue, de toutes les difficultés qu'on a trouvées à l'exécution d'une taxe
établie à perpétuité sur toutes les éditions successives d'un ouvrage livré une fois au
domaine public. J'ai été effrayé de la difficulté jusqu'à désespérer de la possibilité,
et, quand ces objections innombrables nous ont été déduites par des hommes
(MM. DIDOT et RENOUARD) que leur instruction, leur délicatesse, leur noble industrie ont placés au premier rang de leur profession, que leur caractère public et privé
a mis au-dessus du soupçon de sacrifier la vérité à leur intérêt, j'ai trouvé, je l'avoue,
leurs objections insurmontables. Si la discussion qui va s'ouvrir les surmonte, si elle
dissipe leurs craintes et les nôtres, je déclare que mon esprit va s'ouvrir avec joie à
une nouvelle conviction, en convenant que je ne la prévois pas encore dans ce moment. »

Page 146. — M. le comte PORTALIS : « Je conclus en disant que si l'on veut arriver
à un mode de rétribution où les contestations soient impossibles, il faut y renoncer ;
mais que si le principe de la rétribution est juste, on doit l'accepter avec ses inconvénients. »

Page 184. — Observations de M. ALEXANDRE DUVAL : « En vain le talent,
fortifié de tout ce qu'il peut y avoir d'honorable dans le caractère d'un homme, a
voulu prouver que l'auteur, en cessant de vivre, n'était plus maître de sa création, et
que cette création devrait être le bien de tout le monde, excepté celui de sa famille. »

Page 186. — (Le même) · « Il me semble difficile de répondre à ce dilemme : après la mort d'un auteur, un livre est-il une propriété ou n'en est-il pas une? Si ce n'est pas une propriété, pourquoi devient-il un héritage? Si c'en est une, pourquoi ne peut-on en jouir que pendant vingt ans? »

Page 187. — (Le même) : « Si l'enveloppe matérielle (le livre), qui est indispensable à toutes les productions de l'esprit, n'appartient pas à l'auteur ou à son héritier, de qui sera-t-elle donc la propriété? D'un libraire? — Eh! de quel droit un étranger s'empare-t-il de l'ouvrage qu'il n'a point acheté, et qui peut l'enrichir aux dépens des descendants du véritable propriétaire? »

Page 188. — (Le même) : « Mais, dira-t-on peut-être encore, si les livres n'arrivent pas, un jour, à faire partie du *domaine public,* le commerce de la librairie en souffrira. Je ne connais point assez la valeur de cette expression, *domaine public ;* ce mot me représente une chose, un bien qui appartient à tout le monde, et qui, par cela même, n'appartient à personne. Cependant, dans le sens où l'on veut appliquer le mot, je vois une chose matérielle qui appartient à quelqu'un; un autre a hérité de cette chose, en a joui comme d'un légitime héritage, et je vois qu'après un certain temps on lui retire sa propriété pour la donner, non pas au public qui paye toujours, *mais à quelques individus qui l'auraient achetée,* si on ne leur eût pas permis de la prendre. »

Page 190. — (Le même) : « Ne nous embarrassons donc point de l'avenir, faisons en attendant ce que demande l'équité, et, par des craintes que je crois mal fondées, ne déshéritons point la postérité du savant, du poëte qui a honoré son pays par ses utiles travaux et par son noble caractère. Ne donnons point à quelques individus, ni même au public, ce qui est la propriété bien légitime des enfants de l'homme de génie; et déclarons franchement qu'un livre est une propriété comme une terre, une maison, qui peut être régie par la loi commune, sauf quelques modifications particulières qui existent pour toutes les propriétés, chacune dans son genre.

« C'est ici, messieurs, que je devrais terminer mes observations. Cependant, je crois de mon devoir de vous prévenir que, si la commission, dans son projet de loi, ne reconnaît pas positivement qu'un livre est une propriété *transmissible par héritage,* non-seulement elle n'aura pas atteint le but que l'on se proposait, mais encore que son projet de loi, lors de sa discussion aux chambres, compromettra les droits des auteurs, puisque, de l'aveu même de la commission, il sera bien prouvé que les productions de l'homme de génie ne peuvent être une propriété pour sa famille. »

Page 150. — M. LE PRÉSIDENT (M. de Larochefoucauld), opinant le dernier et motivant également son vote, déclare « qu'à ses yeux le droit des familles paraît établi de la manière la moins contestable; que l'intérêt de la justice, non moins que celui des lettres, lui semble réclamer la consécration de ce droit. Pénétré du besoin d'encourager la littérature, et persuadé que le meilleur moyen d'y parvenir est de donner, à ceux qui lui consacrent leurs veilles, la garantie que leur postérité ne sera pas exposée à trouver la misère et la douleur, auprès des trésors que leur génie aura, par de longs travaux, légués à leur siècle et à leur pays, M. le président vote pour l'établissement de la rétribution perpétuelle au profit des héritiers, sauf à statuer ultérieurement sur l'adoption des moyens de perception. »

Ces paroles étaient prononcées le 23 janvier 1826, à la cinquième séance de la commission. Le procès-verbal poursuit (même page 150) :

« Après avoir recueilli et dépouillé les votes, M. le président déclare que le principe de la rétribution perpétuelle est adopté à la majorité de _quatorze_ voix contre _six._ »

Jusqu'ici nous avons bien trouvé, dans la collection des procès-verbaux, tout ce que notre contradicteur y avait trouvé lui-même. Mais, avant d'arriver avec lui à la séance du 6 février 1826 (sixième de la commission) où le principe, voté le 23 janvier précédent, fut si ingénument déclaré impraticable, nous devons signaler à votre attention, messieurs les représentants, certains détails, auxquels notre adroit adversaire n'a point attaché, selon nous, l'importance qu'ils méritent.

Le principe voté, la discussion s'engagea sur l'application, et le point qui parut le plus épineux fut le mode à employer pour asseoir la contribution qui serait exigée des éditeurs au profit des héritiers de l'auteur défunt.

Il y avait une idée bien simple à émettre; malheureusement, ce ne sont pas les idées simples qui font le plus vite leur apparition ou leur chemin dans le monde. Cette idée consistait à établir la perception d'un droit DE TANT POUR CENT au profit des ayants droit de l'auteur SUR LE PRIX DE VENTE des livres, — *absolument comme la commission des auteurs dramatiques perçoit maintenant des directeurs de spectacles un tant pour cent sur leurs recettes quand il s'agit d'une œuvre théâtrale.*

Cette idée en 1826 ne vint à personne.

J'ose dire qu'elle n'eût rencontré cependant, dès cette époque, aucun adversaire désintéressé.

Elle ne saurait en effet être écartée que par ceux qui ont fondé leur industrie sur la base du monopole, sur la base de ce système de protection à l'intérieur qui a réduit la librairie à être l'un des plus petits commerces de France, ceux enfin qui sont par position les ennemis de tout changement, le changement fût-il un progrès.

Cette idée trouva devant elle ces adversaires dans le sein de la commission de 1825. Aussi n'y fut-elle point abordée. L'attention de la commission en fut ou systématiquement ou naïvement détournée. C'était une grande route au bout de laquelle était la lumière; on se jeta dans les chemins de traverse, et on égara la commission dans un dédale dont, comme nous allons le voir, elle ne pouvait sortir.

On posa ainsi la question : « le tant pour cent uniforme qui doit être exigé de chaque éditeur ne peut être calculé que sur l'étendue même de l'ouvrage, sur le nombre de pages, de lignes, de lettres enfin qui entrent dans la composition de chaque volume, car si, de deux éditeurs, l'un veut faire une édition à 2 francs le volume, et l'autre une édition à 10 francs, en percevant le tant pour cent sur le prix vénal de l'édition, vous faites payer au second cinq fois autant qu'au premier. Or, cela est injuste. Il faut trouver le moyen d'asseoir le tant pour cent sur l'étendue du texte même, de manière à ce que l'édition à 10 francs l'exemplaire, tirée à 2,000, paye exactement ce que payera l'édition à 2 francs, tirée à 2,000. »

Or, ce qui paraissait juste, disons-le tout de suite, ne l'était pas, et bien au contraire. Il est admis dans la pratique, en effet, entre libraire et auteur, que le droit de l'auteur doit s'élever en proportion du prix de vente du livre. Quels que soient les frais de l'éditeur, il calcule ses bénéfices dans la proportion de ces frais; plus le livre est vendu cher, plus les bénéfices de l'éditeur augmentent, plus par conséquent ceux de l'auteur, ceux du propriétaire doivent augmenter.

La question une fois posée, contre tous les principes, en dépit de tous les faits et de tous les usages et du sens commun, on entraîna l'infortunée commission de 1825, si forte sur les principes, si facile à égarer dans la pratique, on l'entraîna à chercher une solution dans l'établissement d'un tarif qui aurait modifié la contribution à payer pour chaque feuille d'impression, en prenant pour point de départ depuis celle dont le format, le caractère et la justification employaient le moins de lettres, jusqu'à celle dont la justification, le caractère et le format en employaient le plus. Car on disait, en partant toujours du même faux principe : « l'édition compacte doit payer plus cher que l'édition de luxe, puisque la première économise sur le papier. » Une fois engagés dans cette impasse, les deux honorables membres de la commission qui représentaient la librairie, MM. Didot et Renouard, devinrent les guides naturels de leurs collègues, et ne trouvèrent aucun moyen de les en tirer. Il n'est pas un libraire qui ne sourie aujourd'hui, en voyant dans quelles fondrières tomba dès lors la commission de 1825.

On lui soumit un tableau, un travail étrange et énorme, un véritable manuel du libraire, dans lequel on s'était évertué à exposer *hypothétiquement* toutes les combinaisons, variées au nombre de 4,320, dont pouvait être susceptible l'impression d'une feuille de papier pour devenir un volume, et on lui proposa d'établir un tarif de perception pour les droits d'auteur, comprenant par conséquent 4,320 articles différents, spéciaux, et formant lui-même un volume de quatre ou cinq cents pages.

On fournit à la commission des détails techniques très-vrais qui conduisaient à des conséquences folles comme celles qui se trouvent consignées dans les procès-verbaux (pages 159 et 160) :

« L'établissement d'une taxe proportionnelle sur chaque volume, suivant le nombre de feuilles et la nature du caractère employé, a donné lieu à l'objection que voici :

« Les imprimeurs, a-t-on dit, emploient, pour le texte des ouvrages, seize ou dix-huit caractères différents.

« Les formats des livres ne sont pas moins variables; ceux en usage sont au nombre de dix, encore les divise-t-on en grands, petits et ordinaires, ce qui donne trente formats. (In-folio, in-4º, in-8º, in-12, in-16, in-18, in-24, in-32, in-36 et in-48).

« Enfin, la justification, c'est-à-dire le nombre des lignes, varie chez chaque imprimeur. Il faut encore estimer ces variations à sept ou huit par format.

« Ainsi, pour faire un tarif complet, il faudra combiner, de toutes les façons possibles :

« Le premier élément, qui présente dix-huit modifications;

« Le deuxième, qui en offre trente,

« Et le troisième, qui en offre huit.

« Le tarif comprendra donc 4,320 articles; imprimé d'une manière lisible, il formera un volume in-8º de quatre ou cinq cents pages. »

Tel était le résultat monstrueux dont on fit un épouvantail pour la commission, lorsqu'elle eut commis la faute de prendre un mauvais point de départ, et la faute non moins grande de s'en rapporter à ceux de ses membres, dont les convictions, parfaitement honorables d'ailleurs, n'eussent pu que par miracle être favorables à un système qui contrastait si fort avec la pratique de toute leur vie, qui s'écartait si radicalement de la législation sous l'empire de laquelle leur renom d'éditeurs avait grandi en même temps que leur fortune, et qui eût détruit au profit de tous ce qui avait été jusque-là le monopole de quelques-uns. Dans la voie où la commission était embourbée, rien n'était plus facile à des hommes du métier que de la laisser en face de difficultés insurmontables; l'application du tarif différentiel exigeait la possibilité d'une vérification; pour ruiner l'idée du tarif, il suffisait de démontrer que toute vérification de ce genre était impraticable; puis, si la commission ne trouvait rien à substituer au tarif différentiel, le principe, voté le 23 janvier 1826, se trouvait comme non avenu, faute de moyens d'application, et les adversaires de la propriété littéraire perpétuelle triomphaient sur toute la ligne. L'occasion était si belle qu'en

3

conscience on ne peut pas en vouloir à MM. Didot et Renouard de l'avoir saisie. C'était trop demander à des industriels, représentants naturels du passé et du présent, héritiers sans cause, sans droit et sans rétribution, mais possesseurs de bonne foi de l'héritage de l'auteur, que de leur demander les moyens de faire cesser, en vue de l'avenir, l'abus qui leur profitait, et qui naturellement leur paraissait reposer sur un droit acquis. A cette époque, la plupart des éditeurs, mis soudain en face d'une question si neuve, eussent sans doute envisagé le problème du même point de vue que MM. Didot et Renouard, défenseurs nés du préjugé consacré par le temps et de l'immuable *statu quo*. La question de la propriété littéraire était à son enfance; les plus honnêtes gens du monde pouvaient ne pas la comprendre. Elle a bien grandi depuis lors. Malheureusement on n'a pas paru s'en douter au Congrès de 1858.

Quand il y a à innover, c'est-à-dire à détruire et à réédifier dans une branche quelconque d'industrie, il faut tout d'abord poser les principes d'une législation nouvelle et les établir théoriquement. — Ceci fait, il faut, peut-être, demander aux hommes spéciaux de les appliquer, — mais leur demander de les formuler, c'est folie. C'est pourtant ce qu'on fit. Si l'on avait dit à MM. Renouard et Didot : « La loi est faite. Le domaine public payant est une loi. Aidez-nous de vos lumières. Donnez-nous les moyens de l'appliquer. » Nul plus que ces célèbres éditeurs n'était capable de constituer ce qui eût été décrété.

Mais on leur disait : « La loi nouvelle est à faire. C'est-à-dire la révolution. » Ils étaient conservateurs, ils durent combattre et écarter la révolution dont on avait le tort de vouloir les faire les initiateurs.

Tout vint en aide aux ténèbres. Le secrétaire de la commission, M. Jules Mareschal, partisan très-dévoué de la propriété perpétuelle, n'imagina pas qu'on pût sortir de l'ornière où la commission avait versé, et se contenta de signaler *comme exagérées* les 4,320 combinaisons; puis, s'obstinant à faire une route d'un cul-de-sac, il formula sa conclusion en ces termes :

(Pages 160, 161, 162,) — « Si l'on devait nécessairement avoir égard à toutes ces modifications, il faudrait chercher quelque autre moyen d'exécution ; mais il n'en est pas ainsi ; les difficultés signalées n'ont, au fond, rien de bien réel, ou du moins d'insoluble, et il suffira, pour s'en convaincre, des réflexions suivantes :

« D'abord, retranchons, de cette longue série d'articles du tarif, tous ceux que font naître les changements de justification. Quelques lettres, une ligne ou deux de plus ou de moins par page, n'ajoutent, ne retranchent pas assez à la contenance totale d'une feuille, pour que l'on y ait égard. Disons aussi que, puisqu'il y a tantôt excès, tantôt défaut, ils se compenseront, et que les descendants des auteurs regagneront, dans un cas, ce qu'ils perdront dans l'autre.

« Resteraient seulement cinq cent quarante combinaisons : nous les réduirons à dix-huit, en faisant observer que, si l'on taxe chaque feuille entière, peu importe la manière dont elle est divisée ; qu'on la plie en quatre, en huit, en douze parties, sa contenance est la même, puisque la réduction ou l'accroissement des marges est, en général, proportionnelle à la réduction et à l'accroissement du format.

« Le tarif se composerait de dix-huit articles au plus. En usant de la nomenclature de MM. Didot, l'on rendrait impossible toute erreur ou toute fraude sur le véritable calibre des caractères à employer, le nom de chaque corps en désignant la mesure : En outre, l'on contribuerait puissamment à faire adopter par tous les fondeurs, les utiles réformes de MM. Didot.

MODÈLE DU TARIF

« Il sera payé pour 100 feuilles imprimées avec le caractère dit *le douze*, vulgairement *saint-augustin*, c'est-à-dire, qui n'aura pas moins de 451 millimètres de corps (2 lignes mesure ancienne). . fr. 1 / « c.

« Pour 100 feuilles imprimées avec le caractère dit *le onze*, vulgairement *cicéro*, c'est-à-dire qui n'aura pas moins de 413 millimètres (1 ligne 5/6 ancienne mesure) . . . . » 1 35 «

« Pour 100 feuilles imprimées avec le caractère dit *le dix*, vulgairement *philosophie*, c'est-à-dire qui n'aura pas moins de 376 millimètres (1 ligne 3/5 ancienne mesure.) . . . . « 1 75 «

« Pour 100 feuilles imprimées avec le caractère appelé *le neuf*, vulgairement *petit romain*, c'est-à-dire qui n'aura pas moins de 339 millimètres (1 ligne 1/2 ancienne mesure). . . . . » 2 25 «

« Pour 100 feuilles imprimées avec le caractère appelé *le huit*, vulgairement le *petit texte*, *la gaillarde*, c'est-à-dire qui n'aura pas moins de 801 millimètres (1 ligne 1/8 ancienne mesure). . . . . . » 2 75 »

« Pour 100 feuilles imprimées avec le caractère appelé *le sept*, vulgairement *la mignonne*, c'est-à-dire qui n'aura pas moins de 263 millimètres (1 ligne 1/6 ancienne mesure) . . . . » 3 35 »

« Pour 100 feuilles imprimées avec le caractère appelé *le six* ou vulgairement *nonpareille*, c'est-à-dire qui n'aura pas moins de 225 millimètres (1 ligne ancienne mesure) . . . . » 4 » »

« Il faudrait pousser ce tarif, d'un côté, jusqu'au 4 et, de l'autre, jusqu'au 16, en faisant bien attention que les caractères, ayant, sur le papier, deux dimensions, largeur (l'épaisseur) et longueur (le corps) la progression n'est pas arithmétique. Ainsi, le *six* moitié *du douze* contient quatre fois plus ; aussi est-il, ci-dessus, tarifé en conséquence.

« On ferait bien aussi dans la progression descendante de tarifer le 5 1/2, et le 4 1/2. Sans cela les augmentations de la taxe (si elles sont faites, comme ci-dessus, proportionnellement) sembleraient excessives. »

Qu'on nous pardonne la longueur de ces citations; elles étaient indispensables pour faire comprendre, et à mon contradicteur et à tous, comment une solution NÉCESSAIRE, admise en principe par une imposante majorité, pût être déclarée impraticable par cette même majorité fourvoyée. Les adversaires de la propriété perpétuelle, n'ayant à combattre que le tarif de M. Mareschal, eurent beau jeu pour faire ressortir tous les inconvénients qui résulteraient de son application. Le plus grave et le plus manifeste consistait dans les mesures vexatoires, inquisitoriales qu'il entraînait après lui. Tel éditeur payait 2 fr. 25 c. par feuille pour imprimer en *petit romain;* on saisissait l'édition en soutenant qu'il avait employé, comme caractère, la *gaillarde*, la *mignonne* ou la *nonpareille ;* et, comme ces distinctions de caractères n'ont rien d'absolu ; comme M. Mareschal lui-même déclarait qu'entre le 6 et le 5, il était équitable d'admettre le 5 1/2, et entre le 5 et le 4, le 4 1/2 ; comme le 5 1/2 pouvait se modifier et devenir 5 1/4, 5 1/8, 5 1/16 jusqu'à l'infini, on retombait dans ce dédale de distinctions, de vérifications, d'inquisitions, de vexations dont M. Mareschal avait prétendu affranchir la presse. M. Villemain, notamment, fit remarquer que ce contrôle, auquel le gouvernement serait nécessairement appelé à participer, pourrait très-bien devenir le point de départ d'un impôt nouveau.

On en était là, lorsque, à la séance du 6 février (c'est notre dernière citation :)

« M. LE PRÉSIDENT rappelle à l'assemblée que le projet d'établissement d'une rétribution perpétuelle au profit des héritiers des auteurs n'a été rejeté à la dernière séance *qu'à cause des impossibilités d'exécution* des divers modes de perception *discutés*, et sauf la proposition ultérieure d'un moyen d'exécution praticable, s'il s'en présentait quelqu'un à l'esprit des honorables membres de la commission, dans l'intervalle des deux séances. Il consulte, en conséquence, l'assemblée à ce sujet.

» Aucun des membres n'ayant répondu, M. le Président déclare que l'idée d'un droit perpétuel sur la réimpression des ouvrages au profit des familles est définitivement abandonnée.

» M. LE PRÉSIDENT ajoute qu'il pense être l'interprète des sentiments unanimes de l'assemblée, en *exprimant le regret profond qu'il éprouve* à voir le système de la rétribution perpétuelle forcément rejeté, *faute de moyens* applicables pour assurer ce droit et en asseoir l'exercice.

» Il restera du moins constant, dit-il, que la commission n'a rien négligé pour y parvenir, et que c'est seulement après que tous ses efforts, pour atteindre ce but, ont été reconnus infructueux, qu'elle a dû renoncer, dans l'application, à un mode qui, dans la théorie, semblait répondre à tous les besoins et satisfaire les espérances légitimes des gens de lettres. Cette impossibilité bien reconnue oblige à chercher ailleurs les moyens d'améliorer leur sort et celui de leurs familles, idée qui a présidé à la formation de la commission, et qui doit constamment dominer toutes ses discussions. Ces moyens ne sauraient se trouver actuellement que dans une prolongation du droit exclusif de réimpression au profit des héritiers; c'est donc à l'examen de cette proposition que l'assemblée doit maintenant se livrer (1). »

(1) J'ai dû donner avec détail cet aperçu, cet exposé des prétendues impossibilités

III

De cette analyse il résulte que la commission de 1825, APRÈS AVOIR CONSACRÉ LE PRINCIPE DE LA PROPRIÉTÉ PERPÉTUELLE, n'a trouvé aucun moyen pratique de l'appliquer.

Faut-il conclure de là que la solution du problème soit impossible? Non, très-certainement.

La preuve qu'il n'en peut être ainsi résulte des efforts persévérants tentés, depuis la clôture des séances de la commission de 1825, par des membres considérables de cette commission, pour faire consacrer le principe de la rétribution perpétuelle. Je citerai notamment M. Portalis, rédacteur du projet qui servit de texte aux délibérations de la

pratiques que rencontra en 1825 l'idée de la reconnaissance de la propriété littéraire, parce que, et cela est incroyable à dire, ces prétendues impossibilités ont paru des arguments sans réplique au rapporteur du Congrès de 1858.

Il y avait, à propos de la question de la propriété littéraire, non-seulement un congrès quelconque à réunir, mais un monde nouveau à découvrir. Ce n'était pas le cas de se mettre à la suite des navigateurs mal conduits ou maladroits qui avaient déclaré qu'il n'y avait pas de passage pour l'aborder. Il fallait chercher ce passage dans une direction nouvelle. Les directeurs du Congrès de 1858 s'en gardèrent bien. Ils eurent grand tort d'être si timides. La peur de se perdre sur de nouveaux écueils les jeta sur des écueils anciens; le Congrès a sombré avec eux dans une mer de lieux communs. L'œuvre du Congrès, je suis fâché de le dire, est une œuvre morte; l'avenir, l'avenir prochain le montrera. On élabore une loi en France qui prend toutes ses bases dans l'idée, dans le système que je défends. Qu'auront à dire les promoteurs du Congrès et l'excellent M. Wolowski, et M. Victor Foucher, qui se sont si courageusement démenés dans les ténèbres du passé, quand ils verront vivre et marcher ce système qu'ils ont déclaré mort-né?

commission, et dont les idées avaient été vivement appuyées par l'illustre Cuvier, par M. Bellart, auteur de l'amendement qui proposait la fondation d'une caisse de secours pour les gens de lettres, à l'aide des fonds de la rétribution qui ne seraient pas réclamés par les héritiers, idées adoptées, en définitive, par une immense majorité. Or, en 1836, M. Portalis, alors premier président de la Cour de cassation, prit la parole, à la Chambre des pairs, pour reproduire le principe de la rétribution perpétuelle, à l'occasion du projet de loi sur la propriété littéraire présenté par M. de Salvandy. On le voit revenir encore sur cette idée à la séance de la Chambre des pairs du 25 mai 1839. Il paraît même qu'à cette dernière époque M. Villemain se montrait beaucoup plus favorable au système de M. Portalis, qu'il ne l'avait été en 1826. Enfin, chose remarquable, un éditeur, M. Bossange, publiait, en 1836, une brochure à l'appui de la rétribution perpétuelle. Il est donc bien évident que le dernier mot sur la question n'a pas été dit en 1826, et j'ajoute qu'il ne l'a pas été non plus en 1858. Reprenons donc, avec quelque confiance dans l'avenir, les termes du problème.

Quand une œuvre de l'esprit a été livrée au public, deux intérêts se trouvent en présence : celui du public, à qui l'auteur a livré son œuvre avec l'intention manifeste de la divulguer, de la propager sur la plus grande échelle possible; celui de l'auteur ou celui de sa famille, qui consiste à tirer un profit personnel de la propriété de l'œuvre, propriété sacrée entre toutes, incontestable et incontestée.

Aussi longtemps que l'auteur est en vie, la propriété littéraire ne peut soulever aucune difficulté. Il est le maître absolu de son œuvre; il la publie, il la cède, il l'exploite comme il lui convient, Un jour même, il vient à se repentir de l'avoir publiée; il rachète toute l'édition s'il le peut, il l'anéantit; à sa mort, il ne reste plus ni le manuscrit, ni un seul exemplaire de l'ouvrage; la reproduction en est impossible; tout cela est légitime; la propriété est définie *le droit d'user et d'abuser* de ce qui nous appartient.

Mais l'auteur vient à mourir sans avoir anéanti son œuvre, c'est-à-dire en faisant, autant qu'il est en lui, le public légataire du fruit moral de sa pensée; à un autre point de vue, cette œuvre a une valeur vénale, une valeur matérielle qui forme partie intégrante de sa succession, et dont ses héritiers ont droit de profiter.

Si l'intérêt public était seul consulté, l'on dirait : l'auteur mort n'a plus de besoins matériels à satisfaire; plus son œuvre sera reproduite, plus grandira sa gloire posthume, seul tribut que puisse lui offrir la postérité; que son œuvre tombe donc dans le domaine public.

Si l'intérêt de la famille était seul pris en considération, on dirait : la famille représente le défunt; elle a les mêmes droits que lui; le droit, non-seulement de tirer profit de la publication de l'œuvre, mais encore le droit de modifier, de tronquer, et même d'anéantir celle-ci.

Voilà les deux solutions extrêmes auxquelles il faut absolument échapper, en conciliant les deux intérêts d'une manière équitable.

Je suis convaincu que cette conciliation est réalisée, en principe, par les sept articles que j'ai formulés (sauf amendements), dans ma lettre du 3 octobre 1858. L'intérêt public, d'une part, l'intérêt de la famille, d'autre part, sont manifestement sauvegardés.

Plus j'y réfléchis, et plus je m'étonne que le droit de propriété absolue réservé pendant un temps quelconque, pendant cinquante ans, aux héritiers ait pu satisfaire quelqu'un, même au Congrès de 1858! La propriété littéraire, en tant que propriété transmissible par voie de succession, est, en effet, niée absolument par les uns, affirmée absolument par les autres, qui voudraient lui appliquer les règles de la propriété ordinaire et la déclarer transmissible à perpé-tuité. L'expédient d'une propriété de cinquante ans a été accepté comme une transaction, et ce n'en est point une. Cet expédient va directement contre l'idée des gens qui veulent, communistes sans le savoir, immoler la famille de l'auteur à l'intérêt public, par la raison très-simple qu'une période de cinquante ans est, pour l'immense majo-rité des livres, la période fructueuse pour les éditeurs, la période intéressante pour le public. En acceptant cinquante ans de monopole, les adversaires de la propriété littéraire et de toutes les autres, s'ils sont logiques, font donc, de fait, le sacrifice de leur système.

Les partisans de la propriété absolue ne sont pas moins inconsé-
quents, puisqu'ils consentent à limiter à cinquante ans un droit qu'ils
déclarent perpétuel de sa nature.

Reste à montrer, par quelques développements, que ma solution est
aussi pratique qu'équitable.

A la mort d'un auteur, son œuvre tombe dans le domaine public, en
ce sens que tout éditeur peut la publier en payant le tant pour cent
établi par l'art. 3 de mon projet.

Ce tant pour cent sera attribué aux héritiers de l'auteur jusqu'au
degré successible, c'est-à-dire jusqu'au douzième degré. A défaut de
parents au degré successible, il continuera à être perçu au profit d'une
caisse générale de secours ou de pensions de retraite pour les gens de
lettres.

Je ne fixe pas *à priori* le tant pour cent de cette rétribution; je dis
(art. 6 de mon projet) qu'il doit être déterminé et, s'il le faut, modifié
tous les cinq ans (plus ou moins), par une commission mi-partie d'auteurs et de libraires; j'explique seulement qu'il ne devra être ni assez
élevé pour imposer aux éditeurs une charge qui puisse empêcher les
éditions à bon marché, ni assez bas pour n'offrir à la famille de l'auteur
qu'une rémunération illusoire.

Cette explication donnée, je me demande, de la meilleure foi du
monde, quelles objections peut soulever une solution si simple et si
équitable. Voyons :

PREMIÈRE OBJECTION.

L'auteur, de son vivant, a aliéné, à perpétuité ou à temps, son droit
de propriété au profit d'un éditeur; à la mort de l'auteur, qui aura droit
de percevoir le tant pour cent?

RÉPONSE.

De même que l'auteur pouvait ne pas publier son livre et brûler son manuscrit; de même qu'il pouvait, après l'avoir publié, racheter l'édition entière et la détruire; de même qu'un propriétaire quelconque peut vendre sa maison ou son domaine et en dissiper le prix, sans que ses héritiers aient aucun compte à lui demander, ainsi un auteur peut aliéner son œuvre intellectuelle d'une manière définitive; le prix qu'il a reçu de cette cession a dû être proportionné à sa valeur, et, s'il ne la point dissipé, ses héritiers en profitent. Dans ce cas, le tant pour cent, auquel la famille aurait eu droit, appartient à l'individu quelconque qui est devenu cessionnaire du droit de propriété, et ce sont les héritiers de cet individu, éditeur ou autre, jusqu'au degré successible, qui bénéficieront de ce tant pour cent.

Que si l'auteur n'a cédé son droit que pour un temps limité, le droit de percevoir le tant pour cent n'appartiendra à l'acquéreur ou à ses héritiers que pour ce temps.

Et qu'on ne dise pas que l'éditeur ne sera pas suffisamment indemnisé par là du préjudice que pourra lui causer la concurrence. Car, si le livre est bon, les éditions populaires, en se multipliant, multiplieront les perceptions de tant pour cent; et, si le livre est médiocre ou mauvais, nul ne sera tenté de faire concurrence à l'éditeur primitif.

DEUXIÈME OBJECTION.

L'éditeur qui aura fait, du vivant de l'auteur, ou qui voudra faire, après sa mort, une édition de luxe, se verra, obligé qu'il est de payer le tant pour cent sur le prix fort, exposé à une concurrence au rabais qui rendra sa spéculation impossible, et qui, à la longue, entraînera la ruine de la librairie?

RÉPONSE.

Ce qui se passe aujourd'hui répond péremptoirement à cette objection. Il existe un très-grand nombre d'ouvrages qui sont dans le domaine public; est-ce que, chaque jour, on n'en fait pas des éditions de luxe, auxquelles font concurrence de nombreuses éditions à bon marché, anciennes ou récentes? Et toutes se vendent, si le livre a une valeur réelle, parce que chacune s'adresse à un public différent. La situation des éditeurs sera donc exactement ce qu'elle est aujourd'hui, avec cette seule différence qu'ils auront dû payer une redevance de tant pour cent pour avoir le droit de réimprimer l'ouvrage; mais comme cette redevance est imposée à tous indistinctement, ils restent dans des conditions d'égalité relative. De plus, cette redevance, étant supportée par plusieurs, s'appliquant à plusieurs éditions faites concurremment, peut être minime pour chacune. Elle pèsera ainsi d'un poids si léger sur chaque édition que les prix de vente s'en ressentiront à peine.

TROISIÈME OBJECTION.

Quelles garanties les héritiers ou les ayants droit de l'auteur, auront-ils de la sincérité de la déclaration de l'éditeur, relativement au prix de vente et au nombre d'exemplaires tirés?

RÉPONSE.

Ils auront les mêmes garanties qu'aujourd'hui, les mêmes garanties que l'auteur vivant, plus une garantie nouvelle dont je vais parler.

AUJOURD'HUI, comment les choses se passent-elles généralement d'auteur à éditeur? Celui-ci achète de celui-là le droit de fabriquer et de vendre, moyennant un prix convenu (établi sur un tant pour cent du prix fort, et représentant ce tant pour cent, en tous cas) un certain nombre d'exemplaires déterminé. L'éditeur n'a-t-il point intérêt à dépasser ce nombre dans le tirage? S'il s'agit d'un écrivain en renom et d'un ouvrage nouveau, le prix déboursé par l'éditeur sera bien supérieur au tant pour cent que nous proposons de prélever sur ce qui tombe dans le domaine public; l'intérêt de l'éditeur, dans le premier cas, serait donc plus grand, et la tentation plus forte. Et, cependant, aujourd'hui, sauf de très-rares exceptions, bientôt et très-rudement punies par la loi, les éditeurs se bornent à tirer le nombre d'exemplaires qu'ils ont acheté le droit de fabriquer ; il faut que l'on sache bien, en effet, que la fraude, en librairie, est, matériellement, presque impossible. Trop de personnes sont employées à composer, à tirer, à brocher un livre pour que le nombre d'exemplaires fabriqués puisse rester secret, pour que l'éditeur de mauvaise foi puisse faire d'elles autant de complices, tous intéressés à garder le secret le plus absolu. L'auteur, qui aurait un soupçon, pourrait s'assurer promptement de la vérité, soit dans les ateliers de l'imprimeur, soit dans ceux du brocheur, soit encore chez les marchands de papier. Et, puisque je viens de nommer l'imprimeur et le brocheur, expliquons comment l'intérêt contradictoire de ces deux chevilles ou-vrières de la librairie donne de sérieuses garanties pour la fidélité du tirage.

Quand l'imprimeur fait sa facture, son intérêt, s'il est de mauvaise foi, le porterait à compter un nombre de feuilles supérieur à celui qu'il a réellement composé et tiré; mais ces feuilles vont chez le brocheur qui répond, lui, du nombre de feuilles porté sur la facture de l'imprimeur; si ce nombre est supérieur au nombre vrai, le brocheur réclame et doit réclamer, sans quoi il se verrait soupçonné de détournement, puisqu'il ne pourrait plus représenter le nombre de feuilles indiqué. Ce contrôle réciproque est une garantie très-réelle pour l'auteur, et aussi pour l'éditeur.

J'ai dit que mon système apporterait une garantie nouvelle; mon-trons en quoi elle pourrait consister :

J'entends que toutes les réimpressions, qui seront faites par des édi-teurs, reçoivent la plus grande publicité. Le Journal de la librairie devrait devenir un *Moniteur officiel de la librairie*, donnant toutes les semaines, tous les jours, s'il le faut, le tableau des déclarations signées des imprimeurs et éditeurs et de l'auteur même si l'on veut tant qu'il vivra, indiquant : le titre du livre, le format, le chiffre du tirage, et le prix fort de l'exemplaire.

Cette publicité est indispensable, d'ailleurs, et pour la propaga-tion du livre et pour que les éditeurs ne soient pas exposés à publier, à l'insu les uns des autres, des éditions trop pareilles du même ouvrage.

Mais elle aura encore cet avantage de faire connaître à l'imprimeur, au brocheur et à tout le personnel de leurs ouvriers quel nombre d'exemplaires l'éditeur a payé le droit de tirer de tel ou tel ouvrage, et cette connaissance devient évidemment un nouvel obstacle à la fraude.

QUATRIÈME OBJECTION.

Si le tant pour cent est élevé, il écrase la librairie; s'il est faible, il ne procure aux héritiers qu'un avantage insignifiant.

RÉPONSE.

Dans mon projet, même avec un tant pour cent assez élevé, 5 p. c. par exemple, sur le prix fort, je soutiens que la librairie sera mise dans de meilleures conditions que celles où elle se trouve aujourd'hui.

Qu'arrive-t-il en effet à la mort d'un auteur? Son œuvre, au lieu de tomber immédiatement dans le domaine public, reste, pendant cinquante ans, plus ou moins selon les pays, la propriété de ses héritiers. Si l'ouvrage est bon, et l'on comprend qu'il faut toujours raisonner dans cette hypothèse, car un mauvais livre n'a aucune valeur et un éditeur intelligent ne songera pas à l'imprimer, même pour rien, si l'ouvrage est bon, dis-je, les héritiers voudront en tirer parti, et ne traiteront avec un éditeur qu'en exigeant de celui-ci environ 10 p. c. du prix fort; je ne mets pas ici ce chiffre au hasard; j'ai pu constater, par expérience, que c'était là la moyenne des droits d'auteur. Et ce 10 p. c. devra être payé par l'éditeur ou les éditeurs, cessionnaires des héritiers, pendant cinquante ans; après quoi l'ouvrage tombera dans le domaine public. Mais combien y a-t-il d'ouvrages qui, après avoir été exploités pendant la vie de l'auteur et cinquante ans après sa mort, puissent être réimprimés avec profit? C'est assurément la très-petite minorité.

Quant à l'immense majorité, elle supportera, pendant les cinquante ans qu'elle aura vraiment une valeur, une charge d'au moins 10 p. c.

Dans mon système, cette charge se réduit à la moitié, peut-être au tiers, peut-être au quart de ce qu'elle est actuellement.

On me dira : mais alors ce sont les droits des héritiers que vous sacrifiez. Et je réponds : non.

Chaque édition produira, il est vrai, pour les héritiers, une somme moindre que celle d'une seule édition cédée avec monopole par eux suivant le système en vigueur; mais il y aura pour eux plus que compensation, par la raison que mon système multipliera les éditions et qu'il en fera naître qui n'auraient jamais vu le jour sans lui. Pendant cette période de cinquante ans, la seule véritablement productive, si l'on excepte les rares chefs-d'œuvre destinés à traverser les siècles, au lieu de 10,000 exemplaires, par exemple, qui auraient été publiés par un éditeur privilégié, la libre concurrence en fera imprimer peut-être 100,000, au grand profit des héritiers et du public, dont l'intérêt, sans doute, mérite bien quelque considération. L'éditeur, qui a le monopole d'un ouvrage, tient assurément à vendre le plus d'exemplaires possible; mais il tient, en même temps, à gagner, sur chaque exemplaire vendu, le plus possible, au moindre risque possible. Seul maître du marché, il peut croire, s'il est timide, qu'il a plus d'intérêt à gagner 3 francs par exemplaire sur un tirage à 10,000, ce qui lui fait 30,000 francs, qu'à gagner 25 centimes par exemplaire, sur un tirage à 100,000, qui ne lui donne que 25,000 francs de bénéfices, et qui nécessite une avance de fonds à peu près décuple de la première. Ajoutons que l'intérêt personnel de l'éditeur est quelquefois l'adversaire de celui de l'auteur. Ainsi, par exemple, tel éditeur a une collection — l'intérêt de cette collection est de garder tel auteur, tel ouvrage qui ajoute à son renom, qui fait bien sur son catalogue — l'éditeur, mu par les intérêts supérieurs de sa collection, confine l'auteur et son ouvrage dans cette collection, il les y retient, il *les y emprisonne à perpétuité*. L'ouvrage, dont la vente eût décuplé, si on eût varié sa forme, son prix, ses conditions de vente, y languit — qu'importe à l'éditeur : — il faut que le malheureux ouvrage reste dans sa flotte à l'état d'enseigne ou de remorqueur. Le domaine public payant mettra à néant ces calculs égoïstes. Je pourrais citer vingt ouvrages célèbres qui végètent dans des collections célèbres aussi, comme des arbustes dans des pots trop étroits, et qui deviendraient des arbres dans la pleine terre du domaine public payant, je me garderai bien de jouer ce tour à mes confrères; les plus éclairés m'arracheraient les yeux.

Mon projet fait donc, à la fois, l'affaire des héritiers et celle du public; sans compter que la multiplicité des éditions sert, en outre, dans leurs intérêts mieux compris, les intérêts de l'immense famille de la librairie : compositeurs, imprimeurs, brocheurs, marchands de papier, etc., etc., etc.

CINQUIÈME OBJECTION.

Toutes les opérations de librairie deviennent aléatoires; un éditeur dépense 10,000 francs pour tirer 3,000 exemplaires au prix fort de 5 francs l'exemplaire; le lendemain, un concurrent annonce, dans le même format, 10,000 exemplaires au prix fort de 1 fr.; le premier reste avec son édition sur les bras.

RÉPONSE.

De deux choses l'une : ou le premier éditeur a calculé son opération de manière à en tirer un gain honnête, licite, ou il a annoncé un prix fort qui doit lui procurer un bénéfice exagéré.

Dans le premier cas, il n'a rien à redouter de la concurrence, car celle-ci ne pourrait lui être faite que par un éditeur qui se condamnerait bénévolement, ou plutôt stupidement, à subir une perte sèche, hypothèse commercialement absurde.

Dans le second, il n'a qu'à s'imputer à lui-même le dommage qu'il éprouve pour avoir voulu vendre *cinq* francs ce qu'il pouvait vendre beaucoup moins cher en se réservant un bénéfice raisonnable. Ce sera pour lui un sujet de méditations philosophiques, dont il profitera à l'avenir; en attendant, l'intérêt public sera sauvegardé.

La libre concurrence tue dans son germe toute concurrence déloyale.

Un rabais excessif dans le prix fort annoncé ne pourra s'expliquer que par une fabrication négligée : incorrection du texte, mauvaise qualité du papier, etc., etc., etc. Aucun éditeur n'aura plus la pensée de recourir à ces expédients pour frauder le public, lorsqu'il courra le risque de voir une édition plus correcte, et à peine plus chère, arrêter l'essor d'une spéculation blâmable. Le public, mis à même de choisir, choisira et s'apercevra bien vite que le marchand ne lui en donne jamais, en somme, que pour son argent.

Il est enfin, j'y reviens à dessein, une autre et péremptoire réponse à tirer des faits. — Il existe une librairie, dite du domaine public, et ce n'est pas la moins lucrative. — Pour cette branche du commerce de la librairie, la concurrence s'exerce en toute liberté. — Qu'en résulte-t-il? C'est que, grâce à elle, il n'est pas un classique, fût-ce un classique de dernier ordre, dont les œuvres ne soient offertes au public simultanément sous dix et quelquefois sous vingt formes et à vingt prix différents.

Si cela se fait, c'est apparemment qu'il y a acheteurs. La concurrence ne tuera donc pas le commerce des livres — la protection, le monopole ne lui sont donc pas nécessaires.

Eh bien, au contraire, — où serait le mal? je vous prie; si les œuvres de ceux de nos auteurs contemporains qui se vendent le plus, Victor Hugo, Sand, Musset, Lamartine, Dumas, Mérimée, Sandeau, Augier, Ponsard, Feuillet, E. About, Thiers, Thierry, Guizot, Villemain, Jules Simon, etc., etc., etc., au lieu d'être, pour la plupart, confinés dans des éditions inaccessibles à beaucoup, étaient imprimées sous dix formes différentes et offertes ainsi à toutes les combinaisons possibles d'acheteurs?

Je crois avoir répondu aux objections capitales formulées contre ma solution du problème de la propriété littéraire.

Je n'ai pas, je le répète, l'espoir de voir cette solution substituée au projet de loi proposé au parlement belge, le 15 avril dernier. Le point de départ du gouvernement et le mien sont trop différents; mais les idées que je viens de développer ont à tous les points de vue un côté de vérité, qui amenderait utilement certains articles du projet. Pourquoi, de sa nature, le progrès n'est-il pas prime-sautier?

Ma conviction profonde est que le pays qui adoptera le premier ma solution, ou quelque chose d'approchant, outre qu'il donnera l'exemple au monde entier, s'assurera, pour de longues années, une grande position dans le commerce de la librairie; les auteurs viendront se ranger, à l'envi, sous l'empire d'une législation si manifestement favorable aux intérêts de leurs héritiers et à ceux de leur propre renommée. Aujourd'hui la question est posée en Belgique; c'est pourquoi je m'adresse au parlement belge, qui pourra n'y voir, lui, qu'un intérêt purement national, tandis que j'y vois, moi, un intérêt général, l'intérêt de la littérature et celui de la liberté de la pensée.

IV

EXAMEN DU PROJET DE LOI ARTICLE PAR ARTICLE.

Je vais examiner, je vais lire et annoter, plume en main, le projet soumis à la Chambre en date du 15 avril 1859, et l'examiner article par article; pour plus de clarté, je mettrai chaque article du PROJET DE LOI en regard des observations qu'il m'a suggérées.

TEXTE DU PROJET

OBSERVATIONS

ARTICLE 1.

Les droits, garantis par la présente loi aux auteurs d'ouvrages de littérature ou d'art, sont communs aux nationaux et aux étrangers. Ils sont assurés à ces derniers pendant la durée de leurs droits dans le pays où la publication originale a vu le jour, *pourvu que cette durée n'excède point* celle qui est fixée par la présente loi.

L'intérêt belge n'est pas de n'accorder à l'étranger que ce que son pays lui accorde; il doit lui offrir plus pour l'engager à venir se faire imprimer en Belgique. Si les droits que lui confère la Belgique sont plus longs que ceux que lui donne la législation de son pays, il aura intérêt à s'y faire imprimer. La France ayant aboli la contrefaçon, sans condition de réciprocité, l'auteur français imprimé en Belgique jouirait en France, par contre-coup, de toute la durée des droits qu'il aurait acquis en Belgique.

La restriction contre l'auteur étranger est donc une maladresse. Il ne faut pas avoir peur de donner à l'auteur plus que ne lui donne son pays; il faut, au contraire, si l'on peut, *lui donner systématiquement davantage.* Un article portant, faute de mieux :

« Tout livre d'un auteur étranger, imprimé en Belgique, y jouira de 10, de 15 ou de 20 ans de droits de plus que dans le pays de l'auteur, » cet article, dis-je, rendrait la vie à la librairie belge, puisqu'elle attirerait en Belgique les auteurs, ou tout au moins leurs ouvrages, ainsi que les libraires.

ARTICLE 2.

Les auteurs d'ouvrages de littérature et d'art jouiront, durant leur vie entière,

OBSERVATIONS.

Ces *cinquante ans* vont contre la pensée des auteurs de la loi. Le droit absolu de

du droit de publier et de reproduire leurs ouvrages.

Le conjoint survivant conservera les mêmes droits, également durant toute sa vie, et les héritiers ou ayants droit de l'auteur en jouiront pendant *cinquante ans*, à partir, soit du décès de l'auteur, soit de l'extinction des droits du conjoint.

l'héritier de l'auteur pendant cinquante ans équivaut à l'exhérédation de fait du domaine public pour l'immense majorité des œuvres de l'esprit, ainsi que nous l'avons fait remarquer déjà.

L'institution du domaine public payant, à la mort de l'auteur, répond seule à la pensée libérale du législateur désireux de sauvegarder à la fois et l'intérêt public et l'intérêt des héritiers ou des ayants droit. Toute autre combinaison va contre son but, et sacrifie l'un ou l'autre des droits qu'elle entend consacrer.

ARTICLE 3.

L'auteur pourra céder le droit exclusif de publier son ouvrage, soit pour le temps accordé par l'article précédent tant à lui qu'à ses représentants, soit pour un temps plus court.

Dans ce dernier cas, ses représentants jouiront de ce droit pendant l'espace de temps non compris dans la cession qu'il aurait faite.

OBSERVATIONS.

La naïveté de cet article est grande. L'art. 2 consacre le droit de propriété de l'auteur pendant sa vie, et celui de ses héritiers pendant 50 ans après sa mort; l'auteur donne en location ce droit à terme; le bail fini, la pleine propriété revient à qui de droit; cela est si simple, si évident et si juste qu'il y a de l'ingénuité à le dire.

ARTICLE 6.

L'éditeur d'un ouvrage *anonyme* jouira du droit exclusif de publication pendant trente ans, à compter de la première édition de l'ouvrage.

Si l'auteur d'un ouvrage anonyme vient à se faire connaître il rentrera dans les droits qui lui sont garantis par l'art. 2. Si, avant l'expiration du terme fixé à l'article 2, les héritiers de l'auteur d'un ouvrage anonyme le font connaître et justifient de leur qualité, ils reprendront l'exercice de leurs droits pendant le

OBSERVATIONS.

L'art. 3 est un article naïf; l'article 6 est un article étrange.

De quel droit punit-on l'anonyme?

Est-ce un crime ou un délit que de publier un livre sans se nommer?

Évidemment, non.

Laissez donc l'anonyme dans les conditions ordinaires. L'anonyme n'est pas l'*inconnu*. L'anonyme n'est pas un coupable, c'est peut-être un homme modeste. Pourquoi le punissez-vous? Dès qu'il y a propriété, il y a l'auteur ou le représen-

nombre d'années qui resteront à courir jusqu'à l'expiration du terme établi par ledit article.

tant, l'ayant droit de l'auteur. L'*anonyme*, représenté par un éditeur, n'est pas *anonyme* en tant que propriétaire.

Si vous faites d'*anonyme* le synonyme d'*inconnu*, l'éditeur doit alors être considéré comme l'*inventeur d'un trésor;* appliquez-lui les principes du Code civil : moitié à l'*inventeur*, moitié au domaine public, qui représente ici le *propriétaire du fonds.*

C'est ici que le *domaine public payant* résoudrait encore, équitablement et souverainement, la difficulté.

ARTICLE 7.

En cas de prédécès, sans héritiers, du co-propriétaire d'un ouvrage publié en collaboration, le droit sera partiellement éteint, si le droit des co-propriétaires est divisible, et s'il est possible d'assigner une part distincte à chacun d'eux.

Si le droit est indivisible, et si celui qui décède ne laisse point d'héritiers, le droit est conservé tout entier au profit des co-propriétaires survivants.

OBSERVATIONS.

De la naïveté et de l'étrangeté, nous passons à l'hiéroglyphe.

J'ai entendu dire que les commentateurs du Code civil n'avaient jamais pu trouver un sens raisonnable aux articles qui définissent les obligations *divisibles et indivisibles.* Je leur signale cet article comme un os plus difficile encore à ronger.

Je demande dans quelle hypothèse on pourra rencontrer un livre qui soit à la fois par moitié à tous, et par moitié à quelqu'un.

ARTICLE 8.

L'éditeur de dictionnaires et autres ouvrages collectifs, entrepris au moyen de la collaboration de plusieurs auteurs, jouira du droit exclusif fixé par l'article 2, sauf la faculté réservée aux auteurs de chaque article ou de chacune des parties, de les réimprimer séparément ou dans le recueil de leurs œuvres.

OBSERVATIONS.

Cet article a le tort impardonnable de substituer une présomption à l'intention, peut-être clairement établie, des parties.

L'éditeur d'un dictionnaire fait ses conditions avec les auteurs des articles. Il achète ceux-ci d'une manière absolue, ou réserve à leurs auteurs le droit de les faire figurer dans le recueil de leurs propres œuvres.

Dans les deux cas, c'est la convention privée qui doit être appliquée, et non la présomption légale.

Légiférer sur un pareil détail, c'est plus qu'une superfétation, c'est créer, à plaisir, un nid à procès.

ARTICLE 10.

Les lettres particulières ne peuvent être publiées qu'avec le consentement des correspondants ou de leurs héritiers.

Toutefois l'assentiment des héritiers ne sera plus nécessaire après un terme de dix années, à partir du décès du correspondant ou des correspondants qu'ils représentent.

OBSERVATIONS.

Une lettre appartient à celui qui la reçoit, et, après la mort de son auteur, si elle peut être rendue publique, si on l'admet (et l'article l'admet après un délai qu'il détermine), les héritiers n'ont rien à y voir.

Si, pendant un temps, vous exigez le consentement des héritiers, vous *constituez en fait* ceux-ci propriétaires de ce que l'auteur, de son vivant, avait donné à un tiers; ce qui est la violation manifeste du principe juridique : donner et retenir ne vaut.

Tout au plus, pourrait-on exiger que le correspondant qui publie, ou qui autorise la publication, déclarât que celle-ci se fait sous sa responsabilité personnelle.

ARTICLE 11.

La reproduction d'articles ou d'extraits *quelconques* d'un journal est permise dans un autre journal, pourvu que la source en soit indiquée, *et que cette reproduction ne dépasse pas les bornes d'un emprunt loyal.*

OBSERVATIONS.

L'expression *quelconques*, qui se trouve au commencement de l'article, est en contradiction avec la fin. Il y a, dans un journal, des choses qu'on ne doit pas pouvoir lui prendre, même en le citant : ce sont les articles ou les collections d'articles qui sont susceptibles de former un corps d'ouvrage, un feuilleton, par exemple. Voilà ce qu'il faut dire clairement, au lieu de recourir à la forme éva-

sive : *et que cette reproduction ne dépasse
pas les bornes d'un emprunt loyal.*

ARTICLE 12.

Tout ouvrage acquis par l'État tombe
dans le domaine public immédiatement
après sa publication, sauf les droits que
l'auteur se serait réservés par une convention particulière.

Les actes officiels de l'autorité ne sont
pas susceptibles d'un droit exclusif, et
appartiennent au domaine public après
leur publication.

OBSERVATION.

Pourquoi dépouiller l'État de sa propriété? Cette prétendue générosité serait
une faute. Qu'un ouvrage, édité aux
frais de l'État, tombe *dans le domaine
public payant,* je le conçois, mais dans
le domaine public pur et simple, pourquoi? L'État fait les fonds d'un livre su-
perbe, d'une histoire de la Belgique, de
ses monuments, de ses musées; il y consacre 500,000 francs. Le premier venu
s'empare du texte, décalque les planches
et, sans payer aucune rétribution, ruine
la publication de l'État. J'admets bien
que l'État ne veuille pas faire d'une publication pareille une spéculation, qu'il
vende au prix coûtant et cherche simplement à rentrer dans ses déboursés; mais,
si vous le mettez dans la situation fatale
de ne créer que des non-valeurs, il s'abs-
tiendra, et ne créera pas.

ARTICLE 14.

A chaque édition qui est faite en Belgique d'un ouvrage de littérature ou
d'art, dont la publication a lieu par voie
d'impression ou par tout autre procédé
analogue, l'éditeur est tenu, endéans le
terme de trois mois, d'en déposer *deux
exemplaires* à l'administration communale
du lieu de son domicile. Ces exemplaires
sont transmis au ministère de l'intérieur.

L'omission du dépôt sera punie d'une
amende de simple police, prononcée à
charge de l'éditeur qui sera, en même

OBSERVATIONS.

Cet article a besoin d'être amendé.
Pour le plus grand nombre des publications, le dépôt de *deux exemplaires* n'a
rien d'exorbitant; mais, quand le prix
fort d'un exemplaire est de 50 francs ou
plus, il suffirait d'exiger le dépôt d'un
seul exemplaire.

Il y a mieux, il y a des publications
hors ligne et hors prix qui ne se tirent
qu'à 10, 20 exemplaires — dont l'exemplaire se vend 1,000, 10,000 et même
20,000 fr., — ce serait pour les éditeurs

temps, condamné à fournir, dans la quinzaine, les deux exemplaires qu'il avait négligé de déposer, sous peine d'une amende double de leur prix de vente.

un tribut intolérable que le dépôt. Pour ces cas-là il faudrait donner le choix à l'éditeur entre le don d'un exemplaire ou une somme à payer. Le dépôt a été constitué, qu'on ne l'oublie pas, dans l'intérêt seul des bibliothèques publiques et non dans celui de l'auteur. — Il serait donc inique de faire de ce dépôt un impôt parfois excessif.

ARTICLE 16.

Si une œuvre dramatique ou musicale est le produit du travail de plusieurs collaborateurs, chacun a le droit d'en permettre la représentation à moins de stipulations contraires.

OBSERVATION.

Cet article fait la règle de ce qui devrait être l'exception, et réciproquement. La présomption générale est que les collaborateurs d'une œuvre dramatique ou musicale se considèrent comme ne faisant qu'un; il faut, à moins de stipulation contraire, qu'ils soient d'accord pour autoriser la représentation. Il faut donc renverser le texte de l'article, et ne point autoriser un associé à faire, sans l'aveu de son associé, et avec une moitié ou un tiers de droit, ce que le droit entier peut faire seul.

ARTICLE 17.

Est considérée comme portant atteinte aux droits de l'auteur d'une composition musicale, toute exécution publique, même partielle, de son œuvre, faite sans son autorisation, quel que soit le mode d'exécution.

Toutefois, cette disposition n'est point applicable aux séances musicales particulières ou publiques, où aucune rétribution n'est perçue des auditeurs, ni à celles qui sont organisées dans un but de bienfaisance.

OBSERVATIONS.

La dernière partie de cet article est trop absolue. Pourquoi le consentement d'un musicien, propriétaire de son œuvre, n'est-il plus nécessaire quand l'exécution est *gratuite?* Vous autorisez une atteinte à son droit dans l'hypothèse précisément où il doit être plus religieusement respecté, puisqu'on lui emprunte son œuvre, sans qu'il en retire aucun profit.

D'ailleurs, l'intérêt pécuniaire est-il le seul en jeu? Un compositeur ne peut-il pas craindre avec raison que sa gloire, sa réputation ne souffrent d'une exécution insuffisante? La *gratuité* de la représentation ne change rien à ce côté important de la question. Établissez donc en principe général que tout compositeur, qui n'a pas aliéné son droit de propriété, a la faculté absolue de refuser à tel chanteur, à tel orchestre l'autorisation d'interpréter *publiquement* son œuvre, avec ou sans rétribution de la part du public.

ARTICLE 18.

Après le décès de l'auteur, le droit de représenter son ouvrage appartiendra à toute entreprise théâtrale, à charge de payer à sa veuve ou à ses héritiers une indemnité à déterminer par les intéressés, et, à défaut d'accord entre eux, par les tribunaux.

OBSERVATIONS.

Cet article bien simple consacre et met en pratique (je l'ai déjà dit), pour les œuvres théâtrales ce que je demande pour tous les ouvrages de l'esprit. Le rapporteur de la commission, rédacteur, croyons-nous, du projet de loi, se met ici en contradiction flagrante avec lui-même. Pourquoi trouve-t-il impossible, dans un cas, ce qu'il admet sans hésitation, dans l'autre? Le domaine public payant est déclaré praticable, juste, excellent pour les ouvrages dramatiques ; pourquoi serait-il donc impraticable pour les livres? Est-ce que la publication d'un livre est plus clandestine qu'une représentation théâtrale? Est-ce que la publicité n'est pas, dans les deux cas, un élément nécessaire de succès?

Je ne reviendrai pas sur les détails que j'ai déjà donnés pour montrer l'équité et la simplicité de mon système ; mais je dois signaler, comme un symptôme remarquable en sa faveur, que l'une des questions considérées comme les plus ardues de la propriété littéraire, celle des droits d'auteurs dramatiques, n'ait pu être résolue, par les ennemis les plus déclarés de mon idée, qu'au moyen du *domaine public payant*, et que *par ce procédé* elle l'ait été si facilement.

ARTICLE 19.

La durée du droit, en ce qui concerne la représentation des ouvrages dramatiques posthumes et *anonymes*, est fixée par les règles établies aux articles 5 et 6.

OBSERVATIONS.

L'expression *anonymes* n'est pas juste; je l'ai dit déjà : l'auteur qui garde l'*anonyme* vis-à-vis du public ne perd pas pour cela son droit de propriété, et, dans tous les cas, il y a un propriétaire apparent qui est l'éditeur. Pour que l'art. 19 ait un sens, il faut supposer qu'il parle d'ouvrages dont l'auteur est *inconnu*. Mais, même dans ce cas, pourquoi faire un cadeau à la spéculation qui gagnera, même en payant, une rétribution?

Dans ma pensée, les éditeurs, qui réimprimeront les ouvrages des auteurs morts sous l'empire de la législation que je voudrais voir adopter, devront payer le tant pour cent *à perpétuité*, c'est-à-dire alors même qu'il n'y a plus d'héritiers ou que ceux-ci ne sont plus au degré successible; alors, le produit de la redevance ira dans une caisse de secours ou de pensions de retraite pour les gens de lettres. Pourquoi priver cette caisse du revenu que produiraient les réimpressions d'ouvrages dont les auteurs sont *inconnus?*

ARTICLE 20.

Le droit de propriété des compositions musicales comprend le droit exclusif de faire des arrangements sur les motifs de l'œuvre originale.

OBSERVATIONS.

Voici encore un article qui se substitue, d'une façon malencontreuse, à la libre convention des parties. Le compositeur peut céder, de son droit de propriété, toute la partie qu'il lui convient d'abandonner; tout ce qu'il ne cède pas expressément, il est présumé légalement se l'être réservé. Dites donc que le droit exclusif de faire des arrangements sur l'œuvre originale appartient au compositeur et à ses cessionnaires. Mais, en vendant s. artition à un éditeur, il ne peut pas êtr _ensé lui avoir cédé le droit d'*arranger*; il faut que cela soit stipulé expressément.

Est-ce que l'éditeur d'un livre, même après en avoir acquis la pleine propriété, a le droit de le mutiler, de le modifier sans le consentement de l'auteur? Et un éditeur de musique pourrait, sans le consentement, contre le gré de Rossini, *arranger Guillaume Tell*, ou faire du *Stabat* une polka? Cela ne peut pas être soutenu sérieusement.

ARTICLE 21.

L'auteur d'un dessin, d'un tableau, d'une œuvre de sculpture, d'une œuvre d'architecture ou de toute autre œuvre d'art, a seul le droit de la reproduire ou d'en autoriser la reproduction par un art ou un procédé semblable ou distinct, et sur une échelle analogue ou différente.

OBSERVATIONS.

Ceci est bien; pourquoi? parce que c'est précisément le contraire de ce que le projet de loi fait pour la musique.

ARTICLE 22.

La cession d'une œuvre d'art faite sans aucune réserve n'emporte point, pour l'acquéreur, le droit de la reproduire.

Toutefois, à moins de stipulation contraire, l'artiste cédant est dessaisi du droit de reproduire ou de faire reproduire l'œuvre par un art similaire, sans que ce droit passe au cessionnaire.

OBSERVATIONS.

Comment justifier cet article? Pourquoi la cession *sans aucune réserve* ne donne-t-elle pas à l'acquéreur le droit de faire de sa chose tout ce que bon lui semble, y compris la faculté de reproduire? Pourquoi cette distinction entre la propriété artistique et la propriété ordinaire? Si l'artiste veut se réserver le droit de reproduction, qu'il le déclare, et

BIBLIOTHÈQUE NATIONALE
R.F.
1855

alors son œuvre, perdant entre les mains de l'acquéreur une partie de sa valeur utile, sera payée moins cher. Quel intérêt blesse-t-on, en définitive, en subordonnant la reproduction par l'acquéreur au fait de la reproduction par l'artiste? C'est l'intérêt du public, qui ne pourra être mis en possession d'un chef-d'œuvre, quelquefois, par le défaut d'entente de l'acquéreur et de l'artiste.

J'ai répondu à ce que dit la rédaction de l'article; j'avoue que je ne sais pas si j'ai répondu à ce que, dans l'intention de son auteur, l'article peut vouloir dire; il manque de clarté, — et l'on fera bien, en tous cas, d'en améliorer la rédaction. En la changeant du tout au tout, on pourra y arriver.

ARTICLE 25.

Dans le cas où les droits qui forment l'objet de la présente loi feraient partie d'une succession en déshérence, l'État ne pourra les recueillir, et la réimpression, publication ou représentation, seront libres, *sans préjudice du droit des créanciers.*

OBSERVATIONS.

La réserve qui termine l'article prouve que la liberté et la gratuité, qu'il consacre, ne sont pas rationnelles. Pourquoi celui qui voudra utiliser cette valeur ne serait-il point passible d'une indemnité, qui profiterait à la caisse de pensions et de secours dont nous avons parlé plusieurs fois? Il y a des *Invalides* de l'art; ne serait-il pas temps de leur ériger un *Hôtel* ou tout au moins un hôpital?

Je finirai, en émettant un vœu : c'est que la Belgique, qui a fait le sacrifice de la contrefaçon, s'efforce d'obtenir que ce sacrifice n'ait pas été fait en pure perte, et pour elle, et pour la propriété littéraire. Jusqu'ici la contrefaçon en a été quitte pour passer la frontière; elle s'exerce impunément en Allemagne, au grand détriment des éditeurs et auteurs belges, ou français.

Les éditions contrefaites de la Belgique n'étaient que négligées; les contrefaçons prussiennes sont exécrables. Un membre du Congrès, avait exprimé, au Congrès, le désir qu'après avoir dit mille choses inutiles ou mauvaises, on finit par en dire une bonne, en flétrissant la contrefaçon, si heureusement tuée en Belgique, si honteusement ressuscitée en Allemagne. M. Faider a eu peur de se brouiller personnellement avec la Prusse, je le suppose, et il a demandé avec un courage que j'ai admiré, il a demandé, un catalogue de la contrefaçon prussienne à la main, si l'on était bien sûr qu'il y eût des contrefacteurs en Prusse? Cette question, vitale pour la librairie belge, CAR IL N'Y A PAS DE LIBRAIRIE POSSIBLE EN BELGIQUE A CÔTÉ DE LA CONTREFAÇON ALLEMANDE, — cette question essentielle n'a pas été autrement approfondie; on a passé outre : M. Faider était pressé d'embrasser M. Scribe. On me pardonnera de rappeler le rôle joué par M. Faider dans ce petit incident; mais le président du Congrès a laissé là échapper une si belle occasion de faire quelque chose d'utile pour son pays, qu'il ne serait pas juste qu'il emportât sa faute en paradis. La contrefaçon allemande coûte assez cher, d'ailleurs, aux libraires belges en général et à l'auteur de ce travail en particulier, pour qu'il lui soit permis de regretter qu'elle ait trouvé dans une tribune belge la protection d'un silence qui ne lui était pas dû.

La commission, chargée de l'examen du projet de loi que je viens de discuter, voudra, j'en suis certain, aboutir à des résultats plus sérieux, et elle accueillera impartialement ce qui lui paraîtra juste dans les idées que j'ai cru devoir lui soumettre, ainsi qu'à toute la Chambre des Représentants.

J. HETZEL.

APPENDICE

Pendant que je corrigeais les dernières épreuves de ce trop rapide travail, on m'a signalé une étude sur le même sujet de M. de Champagnac,
directeur du bureau de la propriété littéraire en France, au ministère de
l'intérieur. Cette étude, intitulée : *Étude sur la propriété littéraire et artistique*, a paru dans deux numéros de la *Revue européenne* des 15 janvier et
15 février 1860. L'avis de ce fonctionnaire spécial ne pouvant manquer de
peser d'un grand poids dans la balance et indiquant, jusqu'à un certain
point, le courant d'idées que la question de la propriété littéraire tend à
suivre en France, il me paraît indispensable d'en dire ici quelques mots.

Les idées de M. de Champagnac ne sont pas absolument les miennes ; mais
je crois que, lui et moi, nous différons plus dans la forme que sur le fond,
et, peut-être, en y réfléchissant, reconnaîtrait-il lui-même que ma solution
résout plus simplement et plus péremptoirement les objections qu'il s'est
posées, et qu'elle atteint plus sûrement notre but commun, qui est de concilier les intérêts de la famille avec ceux du public.

M. de Champagnac commence son étude, instructive du reste et approfondie, par l'histoire de la question de la propriété littéraire en France, et passe ensuite à la démonstration de ces deux principes :

1° La propriété des auteurs dérive du droit naturel et doit être consacrée par le droit social;

2° Le genre humain (ou le domaine public) n'a rien à perdre, au contraire, il a tout à gagner à la constitution légale de la propriété absolue des auteurs.

Après avoir fourni les arguments à l'appui de ces deux thèses, et expliqué que la propriété absolue de l'auteur doit se transmettre à perpétuité dans sa famille par droit de succession, M. de Champagnac se préoccupe de l'intérêt public qui se trouverait lésé, si l'héritier propriétaire, soit par négligence, soit de parti pris, empêchait la réimpression d'un livre utile.

Il répond que l'intérêt personnel de l'héritier rend cette hypothèse très-improbable, mais que, si un pareil abus du droit de propriété se produisait, on y pourvoirait en recourant à l'expropriation pour cause d'utilité publique, c'est-à-dire en faisant allouer à l'héritier, par un jury, une indemnité qui le dessaisirait de son droit au profit du domaine public.

Il conclut ainsi, dans son premier article, qui n'est pas celui sur lequel nous devons nous arrêter le plus :

« L'homme de lettres, le savant, l'artiste, entreraient donc dans les rangs, jusqu'alors privilégiés, des pères de famille. Ils y seraient enfin les égaux du laboureur, de l'industriel, du commerçant, travailleurs dont l'intelligence et les sueurs se transforment en héritage pour leurs descendants. Le livre, le tableau, œuvres supérieures d'intelligence et de travail, se changeraient, à leur tour, en capital éternellement transmissible pour la chair de la chair de leurs auteurs. Je veux le répéter encore: le gouvernement, sous l'inspiration duquel la propriété littéraire et artistique aurait été ainsi reconnue et proclamée, aurait droit à la reconnaissance éternelle de l'intelligence humaine.

» Dans un prochain article, nous examinerons subsidiairement une théorie ingénieuse, d'après laquelle les familles des auteurs auraient droit uniquement à une rétribution perpétuelle sur la réimpression ou la reproduction de leurs ouvrages. Cette théorie consacre encore, tout en l'amoindrissant un peu, le principe de la propriété absolue. Nous nous y rallierions au besoin. Nous profiterons de cette nouvelle étude pour traiter plus à fond certaines questions de détail que nous n'avons fait qu'indiquer dans le travail qui précède. »

J'ai voulu mettre le lecteur textuellement au courant du système de M. de Champagnac, pour qu'il puisse juger sainement de ce qui nous divise et de ce qui nous rapproche.

L'idée principale de ce système n'est pas et ne peut pas être la mienne, car elle consacre, par le principe de la propriété perpétuelle sur la tête d'un ou de plusieurs héritiers, le monopole perpétuel, le privilége indéfini d'un ou de plusieurs éditeurs dont l'intérêt sera éternellement de restreindre la réimpression concentrée dans leurs mains, tandis que je demande, moi, ou au lendemain de la mort de l'auteur, ou le moins longtemps possible après sa mort, la libre concurrence pour multiplier les bons ouvrages dans tous les formats, à tous les prix, pour mettre les produits de l'esprit à la portée de toutes les bourses, les splendeurs du génie à la portée de toutes les intelligences, pour faire circuler jusqu'aux extrémités du corps social la chaleur vivifiante de la pensée.

Mais qu'à son idée principale M. de Champagnac substitue, et il n'en paraît pas éloigné, son idée subsidiaire, et je pourrai dire, n'en déplaise au rédacteur du projet de loi que je combats, que la théorie du domaine public payant compte un vigoureux champion de plus, sauf certains détails d'application que je vais signaler, sans chercher à en dissimuler l'importance.

M. de Champagnac définit en ces termes ce qu'il appelle son *système subsidiaire :*

« Il consiste, *à l'expiration du délai accordé à la propriété absolue,* dans la perception perpétuelle d'un droit pécuniaire, au profit des familles propriétaires, sur les éditions successives des ouvrages des auteurs morts. En d'autres termes, le livre, une fois tombé dans le domaine général, peut être publié par tout le monde, à la condition, pour les éditeurs qui s'en emparent, de payer un droit à déterminer sur chaque réimpression de l'ouvrage. De cette façon, le domaine public n'est nullement inquiété dans l'exercice de son droit, et la propriété des familles, quoique réglée d'une façon particulière, n'en est pas moins sauvegardée, dans une mesure équitable, en principe comme en fait. »

Voilà bien mon système, à deux conditions près, l'une capitale, l'autre secondaire. La condition secondaire, c'est que M. de Champagnac attribue, à perpétuité, la rétribution à la famille de l'auteur, tandis que je propose de la faire tomber, après le degré successible, dans une caisse générale de retraite et de secours pour les gens de lettres.

La condition capitale, c'est que M. de Champagnac, toujours sous l'empire de son principe de la propriété perpétuelle, n'admet le domaine public payant qu'à *l'expiration du délai accordé à la propriété absolue.*

Or, cette propriété absolue, il entend la reconnaitre, au profit des héritiers, pendant cinquante ans après la mort de l'auteur ; c'est-à-dire qu'il consacre, sur la tête de la famille, un monopole de cinquante ans, qui, succédant aux trente, quarante, et quelquefois cinquante ans du monopole exercé par l'auteur, ne permet à la libre concurrence de se produire, dans un grand nombre de cas, que quatre-vingt, quatre-vingt-dix ou cent ans après la publication première du livre, et abandonne pour un demi-siècle l'œuvre de l'écrivain mort au bon plaisir de son héritier.

Je ne pourrais que me répéter, si je voulais démontrer ici qu'un pareil laps de temps est plus que la période utile pour les éditeurs, intéressante pour le public, de l'immense majorité des publications ; j'ai fait voir aussi que l'intérêt même des héritiers était beaucoup mieux servi par la libre concurrence, non gratuite, exercée le lendemain de la mort de l'auteur, que par un monopole de cinquante ans.

Passant au mode d'établissement de la rétribution perpétuelle des familles, M. de Champagnac déplore, comme moi, que la commission de 1825 se soit engagée dans une voie sans issue; mais la solution qu'il propose n'est pas pratique. Il demande que l'éditeur présente, en même temps que sa demande de réimprimer, un devis de son opération accompagné du calcul du bénéfice *net*. Le tiers de ce bénéfice *net* devra être compté à l'héritier avant la publication.

De pareilles conditions sont tout simplement impossibles.

En effet : 1° Il est impossible de calculer *à priori* le *bénéfice net* d'une publication qui s'enlèvera peut-être en six mois, et qui mettra peut-être six ans à s'écouler : *habent sua fata libelli;*

2° Ce *bénéfice net* pût-il se calculer approximativement, aucun éditeur ne consentira à en compter préalablement le tiers au propriétaire, en restant chargé lui de tous les risques, de toutes les éventualités d'une opération que mille circonstances peuvent entraver. Plus le livre à rééditer serait important, plus l'entreprise serait considérable et, par conséquent, d'utilité générale, plus l'obstacle grandirait jusqu'à devenir insurmontable.

A l'appui de son idée, M. de Champagnac formule un devis de la réimpression du *Génie du Christianisme*, lequel pêche par sa base, puisqu'il n'y est tenu aucun compte des remises considérables que tout éditeur est obligé de faire aux libraires.

Je n'insisterai pas sur la partie du travail de M. de Champagnac où, répondant à quelques-unes des objections que peut soulever le système du *domaine public payant*, il les réfute par des arguments qui me semblent d'autant meilleurs que ce sont, à peu de chose près, ceux mêmes que j'ai exposés, et dans mes lettres en 1858, et dans ma brochure. Pour jeter quelque lumière sur la question en litige, il importe bien plus de signaler les divergences que les points de contact de nos deux systèmes.

Mais le sien pourrait exercer, par un certain côté, une séduction sur laquelle je demande à m'expliquer.

« Les cinquante ans de propriété absolue concédés aux héritiers de l'auteur, dira-t-on, retardent, il est vrai, l'avénement de la libre concurrence, de l'âge d'or pour le public, mais ils permettent aux éditeurs de traiter avec l'auteur vivant en pleine sécurité ; la mort inopinée de ce dernier ne viendra pas jeter le trouble dans une opération entamée récemment ; ils auront devant eux cinquante ans de monopole assuré, dans tous les cas, pour exploiter par eux-mêmes le livre dont ils auront acheté et payé la propriété. »

Au contraire, votre système a un défaut capital, il rendra toutes les opérations à long terme trop dangereuses à contracter avec l'auteur vivant. — M. de Balzac vit — je lui achète ses œuvres dont je fais une édition complète. — Il meurt quinze jours ou deux ans après mon édition faite. — J'avais acheté pour dix ans le monopole de son œuvre complète ; que vais-je devenir en présence de la libre concurrence, qui n'aura à payer qu'un faible tant pour cent ?

A quoi je réponds : si votre édition a été bien faite et à un prix raisonnable, elle ne perd pas un centime de sa valeur — et je le prouverai tout à l'heure par un fait. — De plus, la mort de l'auteur, en livrant son œuvre au domaine public payant, va, tant que vous serez à la place des héritiers, vous donner

7

des bénéfices qu'avec vos préjugés d'éditeur d'un monopole ou vos moyens d'exploitation bornés, vous n'auriez jamais ni osé ni pu demander au public.

On va faire des éditions à bas prix de Balzac — on vous les payera — on les vendra, et vous n'en vendrez pas moins votre édition à 5 francs.

Ce n'est pas sans motif que j'ai pris exemple des œuvres de Balzac.

Du vivant de Balzac, j'avais fait avec Dubochet, Furne et Paulin, une édition de ses œuvres complètes. C'est celle qui se vend encore, à l'heure qu'il est, chez M. Houssiaux à 5 francs le volume — soit à 100 francs les 20 volumes. J'avais un monopole. Notre édition n'allait pas ou n'allait guère, je la cède à M. Houssiaux.

Balzac meurt : deux éditions complètes se font de ses œuvres en concurrence de la mienne, l'une à 1 franc le volume, — à 45 francs les 45 volumes, — l'autre à 20 centimes la livraison. L'édition chère va être ruinée? Pas du tout. L'œuvre de Balzac pénètre dans la classe des lecteurs à bon marché, les livres de Balzac sont remis en discussion. — Ils reprennent faveur. — Mon édition à 100 francs s'épuise, mon cessionnaire la réimprime. L'édition à 1 franc fait fureur ; l'édition à 20 centimes se vend à des nombres considérables — elle coûte 25 francs au plus. — Voilà trois éditions en vente, toutes prospères — là où une seule, œuvre du monopole, végétait.

Veut-on une autre preuve?—Instruit par ce qui se passait sous mes yeux pour le Balzac — j'applique les résultats de l'expérience faite aux œuvres complètes de Victor Hugo.

Une seule édition complète de ces œuvres existait — édition en 20 volumes aussi, et à 5 francs—elle se vendait lentement à cause de son prix élevé.

Je fais concurrence à cette édition ; je publie simultanément une édition de Victor Hugo à 20 centimes la livraison, une autre à 3 fr. 50 c. le volume in-18,—et des poésies une petite édition à 1 franc le volume in-32, — puis encore une édition complète à 1 franc le volume. Toutes ces éditions se vendent — se vendent à des nombres que je n'aurais pas osé rêver, quand se monopolisait le Victor Hugo dans les conditions ordinaires à 5 francs. De plus, en présence de mes éditions à 3 fr. 50 c., à 20 centimes et à 1 fr., M. Houssiaux, mon cessionnaire de la *Comédie Humaine*, rachète l'édition à 100 fr., la réimprime et la revendait depuis deux ans, non sans succès, quand la mort le vint lui-même surprendre.

Qu'en conclure? C'est qu'il en est de la nourriture morale comme de la nourriture matérielle, qu'il faut des tables à tous prix, et que l'ouverture des restaurants à 1 franc ne fait pas de tort aux *Frères provençaux*, ni à *Bignon*, ni au *Café Riche*.

Voilà deux œuvres — l'œuvre de Balzac d'une part — l'œuvre de Victor Hugo de l'autre, qui ont résisté à 2, 3, 4 et 5 éditions, concurrentes l'une de l'autre — du vivant de leur auteur ou de leurs ayants droit — avec le monopole élargi par l'intérêt éclairé soit des ayants droit, soit des éditeurs, soit de l'auteur. Eh bien, ce qui est arrivé, et pour Victor Hugo et pour Balzac — et aussi pour Georges Sand, que j'ai vendu avec succès concurremment sous divers formats et à divers prix, serait arrivé, je l'affirme, pour les œuvres d'un grand nombre d'écrivains qui, dans des éditions, variées, populaires, hors des collections qui leur servent de prison, se fussent vendues à des nombres incalculables sans porter préjudice aux éditions aristocratiques qui ont et auront toujours leur public spécial.

Et d'ailleurs, veut-on laisser à l'éditeur, ami du monopole, un peu de la fausse sécurité qu'il souhaite? Qu'il soit dit que, l'auteur mort, pendant un délai de quatre ans, — pendant cinq ans, son monopole lui restera; — mais qu'on n'aille pas plus loin; il n'est pas d'entreprise de librairie qui demande, si elle est sensée, plus de quatre ou cinq ans pour se résoudre.

Et, quand ce que je demande éclairerait l'auteur ou son ayant droit sur son véritable intérêt, quand elle le déshabituerait de river son œuvre à une seule édition et à un seul format, où serait le mal? — Ce serait certes un grand service que lui rendrait la loi si elle l'affranchissait, par le fait, de cet asservissement à tel ou tel format qui ruine l'ouvrage et en concentre la vente au lieu de l'étendre.

Pour en revenir à l'étude de M. de Champagnac, je n'hésite pas à dire, malgré les dissidences qui existent entre lui et moi, que son travail, ou un travail analogue, eût été une excellente préparation aux discussions d'un congrès.

Le tort du Congrès de Bruxelles, dont la réunion pouvait être un véritable bienfait pour les lettres, c'est d'avoir été improvisé au lieu d'être médité. Il ne fallait pas éveiller l'attention de l'Europe littéraire sans avoir quelque chose de digne d'elle à lui proposer. On a fait un livre sur le Congrès depuis le Congrès. Que ce livre serait autre qu'il n'est, si chaque membre du Congrès eût reçu, en entrant au Congrès, un exposé historique clair et sincère du vrai passé de la propriété littéraire ! Au lieu d'une cacophonie de solos, nous aurions eu véritablement un congrès sous les yeux, c'est-à-dire un concert pour arriver à un grand but. La vérité doit être dite quand elle est utile à dire. Que la Chambre qui sera appelée à discuter la loi qui se prépare le sache bien, les débats du Congrès de 1858 ne sauraient être une lumière pour elle. C'est aux procès-verbaux de 1826, c'est aux discussions de la chambre des pairs, en 1839, qu'il faut remonter pour s'éclairer sur la matière. Le travail de M. de Champagnac est court et substantiel, il indique les sources; que ceux des membres qui voudront traiter la question le consultent aussi.

La loi sur la propriété littéraire importe à la Belgique plus qu'à tout autre pays. Comme tous les pays jeunes la Belgique n'a encore à exploiter qu'un domaine littéraire insuffisant. Il faut donc qu'il lui soit possible de s'assimiler promptement les littératures des pays voisins. — Rien ne lui sera plus facile, si la loi qui se propose est libérale à l'extérieur aussi bien qu'à l'intérieur. Bruxelles est un excellent centre de fabrication pour les livres; l'abolition de la contrefaçon consentie généreusement mais imprudemment sans la garantie que la contrefaçon ne se réfugierait pas en Allemagne, a tué le commerce des livres en Belgique. La loi qui va se faire peut le ressusciter; mais, je le répète, il faut que cette loi soit très-libérale, et elle peut l'être, grâce à Dieu, sans cesser pour cela d'être catholique. Que, sans acception de parti, donc, on y travaille! Il y va de l'existence d'une noble industrie, du sort de nombreux ouvriers, l'élite de la classe laborieuse; il y va de l'avenir littéraire du peuple belge; il y va aussi du sort de la question en France, que la décision prise par la Belgique guiderait et entraînerait tôt ou tard. Or, le domaine public payant, une fois admis en France, la vie est assurée aux centres de production littéraire à bon marché.

J. HETZEL.

LETTRE DE M. VICTOR HUGO

Au moment où nous mettions sous presse la seconde édition de ce travail, nous avons reçu une lettre de M. Victor Hugo, qui ajoute un tel prix à la valeur de nos propositions, que nous ne croyons pas pouvoir nous dispenser, si flatteuse qu'elle soit, de la publier *in extenso.*

M. Victor Hugo n'est pas seulement un illustre poète, le grand écrivain a toujours montré, quand il s'est agi de faire respecter la propriété des œuvres de l'esprit, une science pratique des affaires très remarquable. Pendant longtemps les écrivains français s'en sont remis à lui du soin de défendre leurs intérêts et de discuter les bases sur lesquelles pouvait se fonder la vie du travailleur intellectuel.

En 1836, il concluait, en qualité de membre d'une commission nommée par le ministère de l'intérieur pour reprendre l'œuvre de la commission de 1825, il concluait, disons-nous, comme nous concluons aujourd'hui. D'accord avec lui sur les principes depuis longtemps, nous voyons avec joie que nous le sommes encore sur les voies et moyens d'application que nous indiquons.

Certes, il appartient à ceux qui ont à administrer une grande fortune littéraire d'être écoutés, avant tous, dans le débat qui va s'engager.

Du reste, l'adhésion de M. Victor Hugo n'est pas une adhésion isolée; nous pourrions grouper autour d'elle les noms les plus éminents de la littérature et de l'art en France. Mais ce soin nous paraît superflu; nous

8

nous adressons à des esprits sérieux qui ne demandent à nos raisons d'autre garantie que d'être justes et persuasives.

Voici la lettre de M. Victor Hugo :

« Hauteville-House, 17 avril 1860.

» Mon cher Hetzel,

« Permettez-moi de vous appeler toujours mon cher compatriote d'exil. Ce titre de proscrit est de ceux qui ne se peuvent perdre. Cela dit, je passe à l'objet de ma lettre.

» Vous avez fait un travail excellent sur la propriété littéraire qui, elle aussi, est une proscrite. Sur votre proposition en elle-même, pour que vous sachiez ce que j'en pense, je n'ai qu'un mot à vous dire. Elle est identique à la proposition faite par moi, il y a vingt-quatre ans, dans la commission de 1836 (ministère de l'intérieur). Procurez-vous les procès-verbaux de cette commission, et vous y trouverez votre proposition rédigée par moi, il y a un quart de siècle.

» J'ai beaucoup réfléchi sur cette question de la propriété littéraire (la plus sacrée de toutes les propriétés), et je suis convaincu qu'il n'y a pas d'autre solution. La question est simple, c'est pourquoi si peu de gens la comprennent ; la solution est simple, c'est pourquoi tant de gens la combattent. Hélas ! le pauvre esprit humain est ainsi fait. C'est un œil singulier : la première des choses qu'il ne voit pas, c'est la lumière. Voilà deux mille ans que cela a été dit, et six mille ans que cela est vrai.

» Votre proposition est lumineuse, et votre développement est irrésistible ; vous aurez de la peine à réussir, n'ayant pour vous que la vérité et la logique. Courage pourtant !

» Permettez-moi de ne point vous parler de ce qu'on a appelé, il y a deux ans, je crois, « le Congrès littéraire » de Bruxelles. Il n'est resté de ce « congrès » que deux choses : votre proposition et le beau et irréfutable discours de M. Jules Simon. A cela près, le travail de cette honorable réunion de personnes a fait sourire tous les hommes sérieux et compétents. Il serait curieux, pour la collection des graves enfantillages de ce temps-ci, qu'une loi sortît de là.

» Les enfantillages, en matière de propriété, ont, du reste, leur danger, surtout à notre époque ; les spoliations au nom de la loi et les exactions au nom de la justice sont des exemples redoutables. La vieille société a tort de les donner.

» Quant au « privilège » prolongé de *cinquante ans*, ce que vous en dites est incontestable. Pour moi, comme en somme je fais passer le progrès des idées et des lumières même avant le droit de l'auteur, je préférerais à ces absurdes cinquante ans le domaine public immédiat et gratuit, c'est-à-dire la spoliation pure et simple. Nous serions volés, mais du moins au profit de tout le monde.

« Le *domaine public payant*, et payant un droit très-faible, c'est là l'unique solution.

« L'idée n'est pas seulement vraie ; elle est admirablement pratique. La perception du tant pour cent serait la chose la plus simple du monde. L'association des auteurs dramatiques, qui fonctionne depuis Beaumarchais, résout tous les jours, et par toute la France et par toute la Belgique, un problème de perception bien autrement compliqué.

« Je désire vivement que votre voix soit entendue. Aux yeux de tout homme sincère, vous avez une autorité spéciale en cette matière. Vous êtes auteur et vous êtes libraire ; c'est-à-dire que vous avez à la fois le sentiment du droit et l'intelligence de l'exploitation. On sent, dans votre écrit, une haute conscience et une haute raison. Ce sont là deux forces qui, vaincues quelquefois dans le présent, triomphent toujours dans l'avenir.

« Je vous serre la main.

« VICTOR HUGO. »

PRIX : FR. 2-50

www.ingramcontent.com/pod-product-compliance
Lightning Source LLC
Chambersburg PA
CBHW070831210326

41520CB00011B/2206